# DER PERFEKTE BURGER

# DER PERFEKTE BURGER

MIT BESTEM FLEISCH, VEGGIE & VEGAN,
BUNS, SAUCEN & BEILAGEN

Delphin Verlag GmbH
Emil-Hoffmann-Straße 1
50996 Köln

Gesamtherstellung: Delphin Verlag GmbH, Köln


www.delphinverlag.de

Lektorat: Hannah Kelly

Produktion: Fiona Rhys-Griffith

Einführung: Dominic Utton

Neue Rezepte, Ernährungsberatung und Foodstyling: Lincoln Jefferson

Coverfotografie: Mike Cooper

Neue Rezeptfotografien:
Mike Cooper und Al Richardson

Bilder auf den Seiten 8–12 mit freundlicher Genehmigung von iStock

Übersetzung aus dem Englischen:
Lisa Heilig, Melanie Schirdewahn u. a.

## HINWEISE

Sind Zutaten in Löffeln angegeben, ist immer ein gestrichener Löffel gemeint: Ein Teelöffel entspricht 5 ml, ein Esslöffel 15 ml. Sofern nicht anders angegeben, ist mit „Milch" immer Vollmilch (3,5 % Fett) gemeint. Bei Eiern und in Stückzahlen angegebenem Obst und Gemüse wird von Exemplaren mittlerer Größe ausgegangen. Mit Pfeffer ist stets frisch gemahlener schwarzer Pfeffer gemeint, mit Salz normales Tafelsalz. Wenn nicht anders beschrieben, sollten alle Obst- und Gemüsesorten vor der Verwendung sorgfältig gewaschen und je nach Sorte geschält werden.

Die angegebenen Zubereitungs- und Garzeiten sind lediglich Richtwerte. Sie können von den tatsächlichen abweichen, da je nach Zubereitungsmethode und vorhandenem Herdtyp Schwankungen auftreten. Zutaten, die nach Belieben zugefügt werden, sind in der Angabe für die Zubereitungszeit und in der Nährwertanalyse nicht mitberücksichtigt.

Bei der Zubereitung von Fleisch und Geflügel empfiehlt sich zur Überprüfung des Gargrads die Verwendung eines Koch-/Fleischthermometers.

Vegetarier und Veganer sollten darauf achten, dass einige der Fertigprodukte tierische Produkte enthalten könnten. Bitte lesen Sie in jedem Fall zuvor die Verpackungsangaben.

# INHALT

# DAS BURGER-REVIVAL

Für Fans gibt es kaum etwas Besseres als Burger! Sie sind schnell, günstig und einfach in der Zubereitung, lassen sich unendlich variieren und nach Belieben an den eigenen Geschmack anpassen … vor allem aber schmecken sie einfach großartig!

Burger sind viel mehr als eine einfache Hackfleischscheibe (bei Burgern „Patty" genannt) in einem labberigen Brötchen, und die neuerliche Beliebtheit von Burgern scheint dies nur zu belegen, was sich nicht nur an den überall eröffneten trendigen Gourmet-Burger-Restaurants ablesen lässt, die mit den verrücktesten und wunderbarsten Burger-Kreationen auf sich aufmerksam machen. Burger-Liebhaber hatten es noch nie so gut!

Aber man muss nicht vor die Tür gehen, um in den Genuss eines leckeren Burgers zu kommen. Man braucht noch nicht einmal ein besonders guter, erfahrener Koch zu sein. Denn für tolle, kreative Gourmet-Burger gibt es dieses Kochbuch. Auf den folgenden Seiten finden Sie mehr als 80 leckere Rezepte und Anleitungen, wie sich leckere Burger, Beilagen und Saucen ganz einfach selbst zubereiten lassen. Entdecken Sie außergewöhnliche Geschmackskombinationen, die dafür sorgen, dass Ihre Kreationen genauso spektakulär und schmackhaft sind wie in jedem Restaurant.

Vom klassischen Steakhouse-Burger über den exotischen Kimchi-Burger mit gegrilltem Schweinebauch bis hin zum saftigen Hähnchen-Burger im Speckmantel oder Puten-Gorgonzola-Burger ist alles mit dabei – kreative Rezepte mit abwechslungsreichen Zutaten, von Erdnusscreme oder Teriyaki-Sauce bis hin zu Avocado und Jackfrucht. Der Fantasie sind keine Grenzen gesetzt.

Burger sind keinesfalls nur ein Fest für Fleischesser. In diesem Buch finden Sie leckere fleischfreie Variationen aus so unterschiedlichen Zutaten wie Quinoa, Süßkartoffeln, Halloumi oder Rote Bete. So kommen Fleischesser, Vegetarier und Veganer gleichermaßen auf ihre Kosten.

Auch bei den Beilagen ist Abwechslung angesagt. Es müssen ja nicht immer die klassischen Fritten sein. Hier finden Sie einfache Rezepte für rauchige Süßkartoffelchips, knusprige Zwiebelringe und pikante Thai-Pommes-frites, die über das Altbekannte hinausgehen. Zudem gibt es ganz einfache Anleitungen, wie man Ketchup, Senf, Salsa und Mayonnaise selbst zubereitet.

Und das Beste? Die Burger in dieser Rezeptesammlung sind nicht immer die kulinarischen Sünden, für die man sie gemeinhin hält. Zu jedem Rezept finden Sie Nährwertangaben, damit Sie genau wissen, was Sie essen. Und tatsächlich sind viele Burger leichter und gesünder, als man glauben mag.

Burger selber machen ist nicht nur einfach, sondern macht auch viel Spaß. Erfahren Sie, welche Fleischstücke Sie beim Metzger aussuchen und wie ein perfekter Patty geformt wird. Experimentieren Sie mit verschiedenen Garmethoden, und lassen Sie Ihrer Kreativität bei Saucen, Toppings und Beilagen freien Lauf. Dieses Buch enthält alles, was Sie für einen entspannten Barbecue-Abend, eine Party oder ein ungezwungenes Essen im Freundes- und Familienkreis brauchen.

Krempeln Sie also die Ärmel hoch, werfen Sie den Herd oder Grill an, und bereiten Sie Ihre Geschmacksknospen schon einmal auf ein kulinarisches Erlebnis vor – unsere Rezepte werden Ihre Sicht auf den Burger für immer verändern!

# AUSRÜSTUNG

Getreu seiner bescheidenen Herkunft kommen Sie bei einem Rindfleisch-Burger ohne viel Schnickschnack aus. Sie brauchen nicht viel mehr als ein scharfes Messer zum Tomatenschneiden und eine Bratpfanne oder einen Grill. Die folgende Ausrüstung benötigen Sie wirklich:

- Rührschüsseln
- Pfannenwender, um die Pattys umzudrehen
- Messer zum Schneiden von Tomaten, Salat oder anderen Zutaten
- Schneebesen für die Herstellung von Saucen wie Mayonnaise
- Brat- oder Grillpfanne; am besten sind richtig schwere Pfannen, die die Hitze gut leiten, sodass Sie die Pattys scharf anbraten können
- Grillrost und -schalen
- Gas-, Elektro- oder Holzkohlegrill
- Fleischwolf oder Küchenmaschine zur Eigenherstellung von Hackfleisch

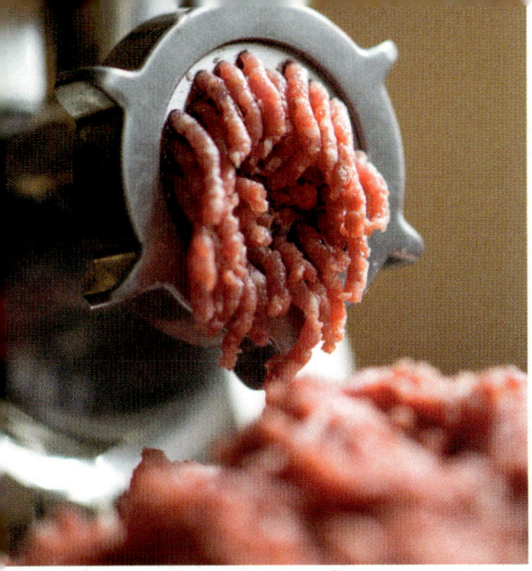

# SO GELINGT DER PERFEKTE PATTY

Pattys, also die Hackfleischscheiben oder Bratlinge, die zwischen die Brötchenhälften kommen, lassen sich ganz einfach selbst herstellen. Das Wichtigste dabei ist, dass der Patty richtig zubereitet und geformt wird. Das Fleisch darf auf keinen Fall zu lange bearbeitet werden, weil der Patty sonst nicht weich und saftig wird.

Frisches Rinderhackfleisch lässt sich am besten verarbeiten, weil es gleichzeitig trocken und klebrig ist, sodass es andere Zutaten gut bindet. Puten-, Hähnchen- und Schweinehackfleisch ist oft feuchter als Beefhack und daher schwerer zu formen. Durch zugefügte Semmelbrösel können Sie leicht Abhilfe schaffen. Auch das Befeuchten der Hände ist hilfreich. Diese Tricks sind auch bei vegetarischen Burgern sinnvoll.

Für die Pattys geben Sie das Fleisch in eine Schüssel, fügen alle Gewürze hinzu und vermengen alles sorgfältig mit den Händen, bis die Zugaben gleichmäßig verteilt und gebunden sind.

Teilen Sie die Masse in gleich große Portionen und formen Sie diese zu Pattys. Nach Möglichkeit sollten sie etwas breiter sein als die Brötchen, weil sich das Fleisch während des Garens etwas zusammenzieht. Es empfiehlt sich deswegen auch, die Ränder eines Pattys etwas dicker als den Mittelteil zu formen bzw. eine kleine Vertiefung in die Mitte zu drücken, damit das Fleisch nach dem Garen überall gleich dick ist.

# SO BRÄT MAN DEN PERFEKTEN BURGER

Schnelle Garmethoden mit starker, trockener Hitze eignen sich am besten dazu, um den Patty außen knusprig braun zu braten, wobei er gleichzeitig innen schön saftig bleibt. In jedem Rezept in diesem Buch wird angegeben, wie die Pattys vorzugsweise gegart werden sollten. Nach Belieben können Sie auch eine der anderen hier erläuterten Garmethoden anwenden.

## BRATEN

Das ist die klassische Zubereitungsart im Diner, bei der der Patty in einer heißen Pfanne mit etwas Fett bei mittlerer Hitze bis starker Hitze gebraten wird, bis sich eine goldbraune Kruste entwickelt hat.

## DÄMPFEN

Durch diese Methode bleibt das Fleisch besonders saftig. Nach dem scharfen Anbraten werden die Pattys einfach abgedeckt, bis das Fleisch durchgegart ist.

## GRILLEN

Burger vom Holzkohlegrill haben einen köstlichen Rauchgeschmack, aber ein Gasgrill ist einfacher in der Handhabung. Um zu testen, ob der Grill nach dem Anheizen heiß genug ist, halten Sie Ihre Hand etwa 3 cm über den Grillrost. Je kürzer Sie Ihre Hand dort belassen können, desto heißet ist der Grill:

**sehr heiß**: 3 Sekunden
**heiß**: 5 Sekunden
**mittelheiß**: 7 Sekunden

## SMOKEN

Bei dieser Methode werden in einem geschlossenen Grill spezielle Holzchips platziert, die während des Grillvorgangs aromatischen Rauch entwickeln, der vom Grillgut aufgenommen wird. Verschiedene Holzsorten liefern unterschiedliche Geschmäcker. Experimentieren Sie also beim Räuchervergnügen!

## BACKOFENGRILL

Diese unkomplizierte Garmethode eignet sich gut für Fisch-, Geflügel- und Gemüse-Burger, die gern am Grillrost festkleben. Sie ist auch eine praktische Alternative, wenn das Wetter zu schlecht zum Grillen auf der Terrasse ist. Die Burger werden unter den vorgeheizten Grill gelegt und einmal gewendet.

# TIPPS & TRICKS

Wählen Sie Fleisch mit geeignetem Fettanteil. Da Burger bei relativ starker Hitze garen, kann zu mageres Fleisch trocken und geschmacklos werden. Der ideale Fettanteil bei Rindfleisch liegt bei 18–22 %. Für Puten- oder Hähnchenhackfleisch ist in Sachen Geschmack und Textur das dunklere Fleisch aus den Keulen die beste Wahl.

Frisches Fleisch – ob von Rind, Schwein, Lamm oder Geflügel – können Sie auch selbst durch den Fleischwolf drehen. Dafür das Fleisch in 2,5 cm große Würfel schneiden und insbesondere Geflügel zuerst anfrieren, damit kein Hackfleischpüree aus dem Fleischwolf kommt.

Wenn Sie Burger durchgegart bevorzugen, geben Sie geriebenen Käse oder fein gehacktes Gemüse in die Fleischmasse, damit sie saftig bleibt. Manche mischen sogar Eischips unter die Masse (etwa 2 zerstoßene Eiswürfel pro 450 g Hackfleisch). Die Pattys müssen dann allerdings sofort, bevor das Eis schmilzt, gegart werden.

Ob Grillpfanne, Backofen- oder Holzkohlegrill: Sie müssen immer vorgeheizt werden, damit die Garoberfläche heiß genug ist. Dadurch bleibt der Patty nicht daran haften, und es entwickelt sich eine schöne Kruste.

Bearbeiten Sie die Hackfleischmasse so wenig wie möglich. Wenn ein Burger zäh schmeckt, liegt es vermutlich daran, dass die Masse zu stark bzw. zu lange durchgeknetet und der Patty zu fest gedrückt wurde.

Wählen Sie die Hamburger-Brötchen, die sogenannten „Buns", mit Bedacht. Die meisten Burger-Liebhaber bevorzugen weiche weiße Brötchen, die geschmacklich nicht mit dem Patty konkurrieren. Wenn die Brötchen getoastet werden sollen, dann nicht zu lang, sonst werden sie zu hart und trocken. Rezepte für Hamburger-Brötchen finden Sie auf den Seiten 181 und 182.

Traktieren Sie die Pattys nicht, das heißt, möglichst wenig wenden und nicht mit dem Pfannenwender kräftig flachdrücken. Dadurch werden sie nur zäh.

Bei einigen Burgern, die auf dem Grill zubereitet werden, wird der Grill abgedeckt. Ideal sind hier also Grills mit Haube. Dadurch wird ein rauchiges Aroma befördert und ein gleichmäßigeres Garen gewährleistet.

Wenn die Patty-Masse nicht bindet, was insbesondere bei Geflügel, Fisch oder vegetarischen Pattys der Fall sein kann, geben Sie ein paar Semmelbrösel in die Masse. Kühlen Sie die geformten Pattys 15 Minuten im Kühlschrank. Dadurch werden sie fester.

Die in den Rezepten angegebenen Garzeiten sind lediglich Richtwerte. Garen Sie die Burger bis zu der von Ihnen bevorzugten Garstufe. Schweinefleisch und Geflügel allerdings sollten immer ganz durchgegart serviert werden. Zur Garprobe die Pattys in der Mitte einschneiden: Das Fleisch darf nicht mehr rosa und der austretende Fleischsaft muss klar und dampfend heiß sein.

KAPITEL EINS

# FLEISCH

# BURGER MIT ERDNUSSCREME, BACON UND TOMATEN-CHILI-KONFITÜRE

**DIESER KÖSTLICHE BURGER HAT DAS KLASSISCHE AMERIKANISCHE SANDWICH ZUM VORBILD UND VEREINT AUF UNNACHAHMLICHE WEISE SÜSSE UND SALZIGE AROMEN.**

VORBEREITUNG: 10 MINUTEN | GAREN: 30 MINUTEN | FÜR 4 PORTIONEN

800 g frisches Rinderhackfleisch
Salz und Pfeffer
8 Scheiben durchwachsener Speck
4 Brioche-Hamburger-Brötchen, halbiert
8 große Essiggurken, in Scheiben geschnitten

**TOMATEN-CHILI-KONFITÜRE**

2 EL Olivenöl
½ rote Zwiebel, gehackt
1 Knoblauchzehe, zerdrückt
½ TL Chiliflocken
2 EL brauner Zucker
400 g gehackte Tomaten aus der Dose
Salz und Pfeffer

**ERDNUSSSAUCE**

2 EL Mayonnaise
4 EL glatte Erdnussbutter

1. Das Hackfleisch in eine große Schüssel geben und nach Belieben salzen und pfeffern. Mit einem Holzlöffel mischen. Die Masse von Hand zu 4 gleich großen Pattys formen. Mit dem Daumen eine Vertiefung in die Mitte drücken, damit sie beim Braten die Form behalten. Auf einen Teller legen.

2. Für die Konfitüre das Öl in einer Pfanne erhitzen. Zwiebel, Knoblauch und Chili darin bei mittlerer Hitze 5–8 Minuten unter häufigem Rühren braten, bis sie etwas Farbe bekommen. Zucker und Tomaten untermischen. Nach Belieben salzen und pfeffern. Die Konfitüre etwa 5 Minuten auf die Hälfte einköcheln lassen. Den Topf vom Herd nehmen und die Konfitüre erkalten lassen.

3. Inzwischen für die Erdnusssauce Mayonnaise und Erdnusscreme in einer Schale glatt verrühren.

4. Eine große beschichtete Pfanne bei mittlerer Hitze heiß werden lassen. Die Speckscheiben darin unter gelegentlichem Wenden knusprig braun braten. Auf einen Teller heben.

5. Die Hitze erhöhen. Die Pattys in die Pfanne geben und 3 Minuten von jeder Seite bis zur gewünschten Garstufe braten.

6. Die Brötchen toasten. Alle Hälften mit der Erdnusssauce bestreichen. Je 1 Patty auf die unteren Brötchenhälften setzen, etwas Konfitüre, Essiggurken und Speck daraufgeben, mit den oberen Brötchenhälften abschließen und sofort servieren.

PRO PORTION: 954 KCAL | FETT: 54,6 G | KOHLENHYDRATE: 56,3 G | ZUCKER: 19,5 G | BALLASTSTOFFE: 3,7 G | EIWEISS: 57,1 G | SALZ: 2,4 G

# PIKANTER BURGER MIT GUACAMOLE

**IN HAUCH VON CHILI SORGT BEI DIESEM STEAK-BURGER FÜR EINE DEZENTE PIKANTE NOTE. WENN SIE ES SO RICHTIG SCHARF MÖGEN, GEBEN SIE EINFACH MEHR CHILIPULVER DAZU!**

VORBEREITUNG: 30 MINUTEN PLUS KÜHLZEIT | GAREN: 10 MINUTEN | FÜR 4 PORTIONEN

500 g Rumpsteak, vom Fett befreit, in Würfel geschnitten

½ TL Chilipulver

1 TL Kreuzkümmelsamen, grob zerstoßen

½ EL frische Thymianblätter

Salz und Pfeffer

1 EL Olivenöl

4 große Dinkelbrötchen, halbiert

1 Romanasalat-Herz, in Streifen geschnitten

1 Handvoll Rucola

2 große Tomaten, in Scheiben geschnitten

**GUACAMOLE**

1 große Avocado, entkernt und geschält

Saft von 1 Limette

2 Frühlingszwiebeln, fein gehackt

Salz und Pfeffer

1. Die Küchenmaschine einschalten und bei laufendem Gerät das Fleisch in kleinen Portionen grob hacken. Alternativ im Fleischwolf grob zerkleinern.

2. Chilipulver, die Hälfte des Kreuzkümmels und des Thymians sowie etwas Salz und Pfeffer gründlich in einer Schüssel vermengen. Das Hackfleisch zur Würzmischung geben und vermengen, dann daraus 4 Burger formen. Abdecken und 15 Minuten in den Kühlschrank stellen.

3. Für die Guacamole die Avocado in eine flache Schüssel geben und mit einer Gabel zerdrücken. Limettensaft und Frühlingszwiebeln zugeben, etwas Salz und Pfeffer darüberstreuen und alles gut vermengen.

4. Den Grill auf mittlerer bis starker Stufe vorheizen. Die Burger mit dem Öl bestreichen, dann 8–10 Minuten grillen, dabei einmal wenden. (Wer das Fleisch nicht ganz durch mag, reduziert die Grillzeit etwas.) Einige Minuten ruhen lassen.

5. Inzwischen die Brötchenhälften unter dem Grill anbräunen, dann die unteren Brötchenhälften mit Salat, Rucola und Tomatenscheiben belegen. Das Fleisch darauflegen und etwas Guacamole darüberlöffeln. Die oberen Brötchenhälften daraufsetzen und die Burger servieren.

PRO PORTION: 550 KCAL | FETT: 28,7 G | KOHLENHYDRATE: 36,6 G | ZUCKER: 5,6 G | BALLASTSTOFFE: 9,7 G | EIWEISS: 34,7 G | SALZ: 0,8 G

# KÄSE-SPECK-BURGER

**DIESER AMERIKANISCHE DINER-KLASSIKER ÜBERZEUGT MIT EINER GENIALEN KOMBINATION AUS RINDFLEISCH, SPECK UND KÄSE, DIE NUR SCHWER ZU TOPPEN IST!**

VORBEREITUNG: 15 MINUTEN | GAREN: 20 MINUTEN | FÜR 4 PORTIONEN

6 Scheiben Bacon
450 g frisches Rinderhackfleisch
Salz und Pfeffer
4 Käsescheiben
4 Hamburger-Brötchen, halbiert
2 EL Mayonnaise
4 Salatblätter
2 große Tomaten, in Scheiben geschnitten

1. Den Holzkohlegrill für mittlere Hitze vorbereiten. Den Bacon bei mittlerer Hitze in einer Pfanne 8 Minuten knusprig braten. Auf Küchenpapier abtropfen lassen und die Scheiben halbieren.

2. Das Hackfleisch in eine Schüssel geben und nach Belieben mit Salz und Pfeffer würzen. Die Mischung in 4 gleich große Portionen aufteilen und zu je 1 Patty formen.

3. Die Pattys auf den Grillrost legen und abgedeckt 4 Minuten grillen. Wenden, jeden Patty mit einer Käsescheibe belegen, erneut abdecken und 4 Minuten weitergrillen, bis die Pattys den gewünschten Gargrad haben und der Käse geschmolzen ist.

4. Beide Brötchenhälften mit Mayonnaise bestreichen und mit je 1 Patty belegen. Die Bacon-Stücke darauf verteilen und Salat und Tomatenscheiben darauflegen. Mit der oberen Brötchenhälfte abschließen. Sofort servieren.

PRO PORTION: 553 KCAL | FETT: 27,4 G | KOHLENHYDRATE: 30,1 G | ZUCKER: 4,3 G | BALLASTSTOFFE: 3,6 G | EIWEISS: 43,5 G | SALZ: 2,6 G

# DOPPELDECKER-BURGER

**DIESER TURMHOHE BURGER MIT ZWEI SAFTIGEN RINDFLEISCH-PATTYS IST WAS FÜR GROSSMÄULER.**

VORBEREITUNG: 20 MINUTEN | GAREN: 10 MINUTEN | FÜR 4 PORTIONEN

- 900 g frisches Rinderhackfleisch
- 2 TL Salz
- ½ TL Pfeffer
- 2 EL Pflanzenöl
- 8 Scheiben Gouda oder Emmentaler
- 4 Hamburger-Brötchen, halbiert
- 4 Salatblätter
- 2 große Tomaten, in Scheiben geschnitten
- 1 rote Zwiebel, in Ringe geschnitten
- 8 Gewürzgurken, längs halbiert

1. Das Fleisch in eine Schüssel geben und mit Salz und Pfeffer sorgfältig vermengen. Die Masse in 8 gleich große Portionen aufteilen und zu je 1 Patty von maximal 1 cm Dicke formen. Je dünner der Patty, desto besser.

2. Eine Grillpfanne auf mittlerer Temperatur erhitzen. So viel Öl zugeben, dass der Boden der Pfanne bedeckt ist. Die Pattys hineingeben und 4 Minuten braten, bis sie braun sind und sich leicht von der Pfanne lösen. Wenden und auf der anderen Seite 2 Minuten braten. Dann 1 Käsescheibe auf jeden Patty legen und nach Belieben weitere 2 Minuten braten.

3. Auf die Unterseiten der Brötchen zunächst 1 Patty legen, dann einen zweiten darüber. Salatblätter, Tomatenscheiben, Zwiebelringe und Gurken darauflegen, mit den oberen Hälften der Brötchen abschließen und sofort servieren.

PRO PORTION: 834 KCAL | FETT: 47,5 G | KOHLENHYDRATE: 34,4 G | ZUCKER: 6,9 G | BALLASTSTOFFE: 4,3 G | EIWEISS: 63 G | SALZ: 3,6 G

# KLASSISCHER BEEFBURGER

**KEIN BARBECUE OHNE EINEN KLASSISCHEN RINDFLEISCH-BURGER – HIER VERFEINERT MIT ZWIEBELN, KNOBLAUCH UND SENF. SIE KÖNNEN DIE PATTYS ABER AUCH GANZ PURISTISCH NUR MIT SALZ UND PFEFFER WÜRZEN.**

VORBEREITUNG: 15 MINUTEN PLUS KÜHLZEIT | GAREN: 20 MINUTEN | FÜR 4 PORTIONEN

450 g Rumpsteak, frisch gehackt
1 Zwiebel, gerieben
2–4 Knoblauchzehen, zerdrückt
2 TL körniger Senf
1 TL Pfeffer
2 EL Sonnenblumenöl
4 Hamburger-Brötchen, halbiert
4 EL Tomatenketchup (nach Belieben)

**RÖSTZWIEBELN**

2 EL Olivenöl
450 g Zwiebeln, in feine Ringe geschnitten
2 TL Muskovado-Zucker

1. Den Holzkohlegrill anheizen. Hackfleisch, Zwiebel, Knoblauch, Senf und Pfeffer nach Geschmack in einer großen Schüssel mit den Händen sorgfältig vermengen. Die Masse in 4 gleich große Portionen aufteilen und zu je 1 Patty formen. Abdecken und 30 Minuten in den Kühlschrank stellen.

2. Inzwischen die Röstzwiebeln vorbereiten. Das Öl in einer schweren Pfanne erhitzen und die Zwiebelringe bei niedriger Hitze darin schwenken, bis sie weich sind. Den Zucker zugeben und 8 Minuten unter gelegentlichem Rühren dünsten, bis die Zwiebeln braun sind. Auf Küchenpapier abtropfen lassen und warm halten.

3. Prüfen, ob die Pattys fest genug zum Grillen sind, und großzügig mit Öl bestreichen. 5 Minuten von jeder Seite grillen, bis sie den gewünschten Gargrad haben.

4. Die Burger-Brötchen mit der Schnittseite nach unten auf den Grill legen und leicht rösten. Die Pattys in die Brötchen legen, mit den Zwiebeln belegen und, falls verwendet, mit Tomatenketchup bestreichen. Sofort servieren.

PRO PORTION: 532 KCAL | FETT: 25,7 G | KOHLENHYDRATE: 43,9 G | ZUCKER: 10,8 G | BALLASTSTOFFE: 5,3 G | EIWEISS: 29,7 G | SALZ: 0,8 G

# KLASSISCHER CHEESEBURGER

**DIE KOMBINATION AUS SAFTIGEM RINDFLEISCH-BURGER UND GESCHMOLZENEM KÄSE MAG BANAL ERSCHEINEN, SCHMECKT ABER UNWIDERSTEHLICH LECKER!**

VORBEREITUNG: 10 MINUTEN | GAREN: 10 MINUTEN | FÜR 4 PORTIONEN

750 g frisches Rinderhackfleisch
1 Würfel Rinderbrühe
1 EL gehackte getrocknete Zwiebeln
Salz und Pfeffer
2 EL Sonnenblumenöl
50 g Gouda oder Emmentaler, gerieben
4 Salatblätter
4 Hamburger-Brötchen, halbiert
2 große Tomaten, in Scheiben geschnitten

1. Das Fleisch in eine große Schüssel geben. Den Brühwürfel fein zerbröseln und mit Zwiebeln und 2 Esslöffeln Wasser zum Fleisch geben. Gut vermengen und nach Belieben mit Salz und Pfeffer würzen. Die Fleischmischung in 4 Portionen teilen und zu je 1 flachen Patty formen.

2. Eine Grillpfanne auf mittlerer Stufe erhitzen. Die Pattys mit dem Öl einpinseln, in die Pfanne geben und 5–6 Minuten braten. Die Pattys wenden, den Käse auf den gebratenen Seiten verteilen und weitere 5–6 Minuten braten, bis das Fleisch gar ist.

3. Die Salatblätter auf den unteren Brötchenhälften verteilen und die Pattys darauflegen. Einige Tomatenscheiben darübergeben und die oberen Brötchenhälften daraufsetzen. Sofort servieren.

PRO PORTION: 608 KCAL | FETT: 30,7 G | KOHLENHYDRATE: 32 G | ZUCKER: 4,9 G | BALLASTSTOFFE: 3,9 G | EIWEISS: 47,4 G | SALZ: 1,5 G

# ALLES-DRIN-BURGER

**KNUSPRIGER SPECK, CREMIGE AVOCADO, PIKANTE JALAPEÑOS UND KNACKIGER KRAUTSALAT: DIESER BUNTE BURGER IST EIN WAHRER PRACHTKERL**

VORBEREITUNG: 30 MINUTEN | GAREN: 20 MINUTEN | FÜR 4 PORTIONEN

- 4 Scheiben Frühstücksspeck
- 450 g frisches Rinderhackfleisch
- Salz und Pfeffer
- 1 EL Pflanzenöl
- 4 Käsescheiben
- 4 EL Dijon-Senf
- 4 Hamburger-Brötchen, halbiert
- eingelegte Jalapeño-Chilischoten, entkernt und in dünne Ringe geschnitten (nach Belieben)
- 2 große Tomaten, in Scheiben geschnitten
- 4 Salatblätter
- 1 Avocado, entkernt, geschält und in feine Scheiben geschnitten

**KRAUTSALAT**

- 80 g Rotkohl, gehobelt
- 140 g Weißkohl, gehobelt
- 2 Karotten, geraspelt
- 1 Zwiebel, in feine Streifen geschnitten
- 2 rote Äpfel, entkernt und gehackt
- 4 EL Orangensaft
- 2 Selleriestangen, in feine Scheiben geschnitten
- 4 EL fettreduzierter Naturjoghurt
- 1 EL frisch gehackte glatte Petersilie

1. Für den Krautsalat Kohl, Karotten und Zwiebel in einer Schüssel vermengen. Äpfel, Orangensaft und Sellerie untermischen. Joghurt und Petersilie in einer Schale vermengen und unter den Krautsalat heben.

2. Die Speckscheiben in einer Pfanne bei mittlerer Hitze etwa 8 Minuten knusprig braten. Auf Küchenpapier abtropfen lassen. Die Scheiben quer halbieren.

3. Das Hackfleisch in einer mittelgroßen Schüssel nach Belieben mit Salz und Pfeffer würzen und vorsichtig vermengen. In 4 gleich große Portionen teilen und zu Pattys formen.

4. Eine große Brat- oder eine gerippte Grillpfanne bei mittlerer bis starker Hitze heiß werden lassen. Die Pattys dünn mit Öl bestreichen und in die Pfanne geben. Bei halb aufgesetztem Deckel etwa 4 Minuten garen, bis die Unterseite der Pattys gebräunt ist. Wenden und mit den Käsescheiben belegen. Den Deckel wieder halb aufsetzen und weitere 3 Minuten oder länger braten, bis die gewünschte Garstufe erreicht ist und der Käse zu schmelzen beginnt.

5. Die Brötchenhälften mit Senf bestreichen und, falls verwendet, mit ein paar Chiliringen belegen. Die Pattys daraufsetzen und mit Tomatenscheiben, Salatblättern, Krautsalat und Avocadoscheiben belegen. Die oberen Brötchenhälften daraufsetzen und sofort servieren.

PRO PORTION: 823 KCAL | FETT: 41,4 G | KOHLENHYDRATE: 68,8 G | ZUCKER: 21,6 G | BALLASTSTOFFE: 10,4 G | EIWEISS: 45,4 G | SALZ: 2,4 G

# BARBECUE-BURGER

**DIESER EINFACHE RINDFLEISCH-BURGER WIRD MIT ZWIEBEL UND KNOBLAUCH VERFEINERT UND MIT EINER LECKEREN HAUSGEMACHTEN BARBECUESAUCE GARNIERT.**

VORBEREITUNG: 30 MINUTEN | GAREN: 30 MINUTEN | FÜR 4 PORTIONEN

450 g frisches Rinderhackfleisch
1 EL Salz
½ EL Pfeffer
30 g Zwiebeln, fein gehackt
1 Knoblauchzehe, fein gehackt
4 weiche Hamburger-Brötchen, halbiert
4 Salatblätter
2 große Tomaten, in Scheiben geschnitten

**BARBECUESAUCE**
(Zutaten für 225 ml)

1 EL Olivenöl
1 kleine Zwiebel, fein gehackt
2 Knoblauchzehen, zerdrückt
1 frische rote Jalapeño-Chilischote, entkernt und fein gehackt (nach Belieben)
2 TL Tomatenmark
1 TL Senfpulver
1 EL Rotweinessig
1 EL Worcestersauce
3 TL brauner Zucker

1. Für die Barbecuesauce das Öl in einem kleinen Topf erhitzen und Zwiebel, Knoblauch und nach Belieben Chili hineingeben. Bei niedriger Hitze 3 Minuten dünsten und regelmäßig umrühren, bis die Zutaten weich werden. Vom Herd nehmen.

2. Das Tomatenmark mit Senf, Essig und Worcestersauce zu einer Paste verrühren und anschließend mit 2 Teelöffeln Zucker unter die Zwiebelmischung mengen. Sorgfältig vermischen und nach und nach 300 ml Wasser einarbeiten.

3. Den Topf wieder auf den Herd stellen und unter Rühren aufkochen. Die Hitzezufuhr verringern und 15 Minuten unter gelegentlichem Rühren köcheln lassen. Abschmecken und, falls gewünscht, den restlichen Zucker zufügen. 125 ml der Barbecuesauce in eine Schüssel geben.

4. Den Holzkohlegrill für mittlere Hitze vorbereiten. Hackfleisch, Salz, Pfeffer, Zwiebeln und Knoblauch in einer mittelgroßen Schüssel sorgfältig vermengen. Die Mischung in 4 gleich große Portionen teilen und zu je 1 Patty formen.

5. Die Pattys auf den Grillrost legen und 4 Minuten grillen, bis sie auf einer Seite braun sind. Wenden, mit der Barbecuesauce bestreichen und weitere 4 Minuten grillen, bis sie den gewünschten Gargrad erreicht haben.

6. Die restliche Barbecuesauce auf die Hamburger-Brötchen streichen und die Pattys hineingeben. Mit Salatblättern und Tomatenscheiben belegt sofort servieren.

PRO PORTION: 428 KCAL | FETT: 16,4 G | KOHLENHYDRATE: 38,9 G | ZUCKER: 10,4 G | BALLASTSTOFFE: 4,3 G | EIWEISS: 28,6 G | SALZ: 0,8 G

# SLOPPY JOE

**DAS ERFOLGSGEHEIMNIS DIESES BURGERS LIEGT DARIN, DIE RINDFLEISCHSAUCE LANG ZU SCHMOREN. SERVIEREN SIE SLOPPY JOES IMMER MIT EINER GABEL – DIE NACH MÖGLICHKEIT ABER NICHT BENUTZT WERDEN SOLLTE.**

VORBEREITUNG: 10 MINUTEN | GAREN: 60 MINUTEN | FÜR 4 PORTIONEN

675 g frisches mageres Rinderhackfleisch
½ Zwiebel, gehackt
2 Knoblauchzehen, fein gehackt
1 grüne Paprika, gewürfelt
175 ml Tomatenketchup
1½ EL brauner Zucker
1 EL Dijon-Senf
einige Spritzer Worcestersauce
1 TL Salz
½ TL Pfeffer
Cayennepfeffer (nach Belieben)
4 Hamburger-Brötchen, halbiert
Chips, zum Servieren (nach Belieben)

1. Hackfleisch und Zwiebel in einer großen Pfanne bei mittlerer Temperatur anbräunen. Dabei mit einem Holzspatel das Fleisch zerteilen und rühren.

2. Knoblauch und Paprika zufügen und 2 Minuten unter Rühren weiterbraten. 225 ml Wasser zugießen. Leicht köcheln lassen, dabei den Bodensatz lösen.

3. Ketchup, Zucker, Senf, Worcestersauce, Salz, Pfeffer, Cayennepfeffer und noch einmal 225 ml Wasser einrühren. Zum Kochen bringen, die Hitze reduzieren und auf kleiner Stufe 30–45 Minuten köcheln lassen, bis die meiste Flüssigkeit verdampft und die Mischung eingekocht ist.

4. Die Mischung auf die unteren Brötchenhälften verteilen. Die oberen Hälften auflegen und nach Belieben mit Chips servieren.

PRO PORTION: 486 KCAL | FETT: 13,2 G | KOHLENHYDRATE: 48,8 G | ZUCKER: 19,2 G | BALLASTSTOFFE: 3,7 G | EIWEISS: 40,9 G | SALZ: 3,4 G

# BURGER MIT KÄSEFÜLLUNG

**FÜR DIESES REZEPT KÖNNEN SIE JEDEN BELIEBIGEN KÄSE VERWENDEN. ABER VORSICHT: DIE GESCHMOLZENE FÜLLUNG KANN SEHR HEISS SEIN, WENN DIE BURGER FRISCH VOM GRILL KOMMEN!**

VORBEREITUNG: 20 MINUTEN | GAREN: 25 MINUTEN | FÜR 2 PORTIONEN

- 325 g frisches Rinderhackfleisch
- 1 TL Salz
- ½ TL Pfeffer
- 2 Schmelzkäsescheiben, geviertelt
- 1 EL Pflanzenöl
- ½ rote Zwiebel, in Ringe geschnitten
- 2 weiche Hamburger-Brötchen, halbiert
- 2 Salatblätter
- 1 große Tomate, in Scheiben geschnitten

1. Den Holzkohlegrill für mittlere Temperatur vorbereiten. Hackfleisch, Salz und Pfeffer in einer Schüssel vermengen. Die Mischung in 4 gleich große Portionen aufteilen und zu je 1 Kugel formen. Auf die saubere Arbeitsfläche legen und flach drücken, bis sie etwas größer als die Brötchen und etwa 1 cm dick sind. Den Käse auf 2 Pattys legen, dabei einen Rand von 1 cm lassen. Die 2 anderen Pattys jeweils darauflegen und am Rand gut festdrücken, damit der Käse beim Garen nicht ausläuft.

2. Das Öl in einer Pfanne auf mittlerer Stufe erhitzen. Die Zwiebelringe hineingeben und unter häufigem Rühren 8 Minuten dünsten, bis sie weich und braun sind. Alternativ die Zwiebelringe 2 Minuten von jeder Seite auf dem Holzkohlegrill rösten.

3. Die Pattys auf den Grillrost legen. 8 Minuten grillen, dann vorsichtig wenden und von der anderen Seite 5–7 Minuten weitergrillen.

4. Je 1 Patty auf die untere Hälfte eines Brötchens geben, mit Zwiebeln, Salat und Tomatenscheiben belegen und die obere Hälfte darauflegen. Heiß servieren.

PRO PORTION: 629 KCAL | FETT: 33,1 G | KOHLENHYDRATE: 35,6 G | ZUCKER: 7 G | BALLASTSTOFFE: 5,2 G | EIWEISS: 44,9 G | SALZ: 2,7 G

# BURGER BLACK & BLUE

**DIESER BURGER VERDANKT SEINEN NAMEN DER WÜRZMISCHUNG MIT SCHWARZEM PFEFFER UND DEM DRESSING MIT BLAUSCHIMMELKÄSE.**

VORBEREITUNG: 30 MINUTEN | GAREN: 10 MINUTEN | FÜR 4 PORTIONEN

450 g frisches Rinderhackfleisch

4 Sesam-Hamburger-Brötchen, halbiert

4 Salatblätter

2 große Tomaten, in Scheiben geschnitten

**BLAUSCHIMMELKÄSE-DRESSING**

120 g Blauschimmelkäse

50 ml Mayonnaise

50 ml saure Sahne

1 Schalotte, fein gehackt

**WÜRZMISCHUNG**

1 TL Pfeffer

1 TL Paprikapulver

1 TL getrockneter Thymian

1 TL Salz

½ TL Cayennepfeffer

1. Für das Blauschimmelkäse-Dressing Käse, Mayonnaise und saure Sahne in einer Schüssel mit einer Gabel möglichst glatt vermischen. Die Schalotte hinzufügen und in das Dressing verrühren. Beiseitestellen.

2. Für die Würzmischung Pfeffer, Paprika, Thymian, Salz und Cayennepfeffer in einer kleinen Schüssel vermengen.

3. Das Fleisch in 4 gleich große Portionen aufteilen und zu je 1 Patty formen. Auf beiden Seiten mit der Pfefferbeize einreiben.

4. Eine große beschichtete Pfanne auf hoher Stufe erhitzen. Die Pattys darin 4 Minuten braten, bis die Beize eine Kruste bildet und die Ränder braun werden. Wenden und von der anderen Seite braten, bis der gewünschte Gargrad erreicht ist.

5. Die Pattys in die Brötchen legen, mit Blauschimmelkäse-Dressing, Salatblättern und Tomatenscheiben belegen und sofort servieren.

PRO PORTION: 577 KCAL | FETT: 32,9 G | KOHLENHYDRATE: 33,4 G | ZUCKER: 5,2 G | BALLASTSTOFFE: 4,2 G | EIWEISS: 34,7 G | SALZ: 3,3 G

# STEAKHOUSE-BURGER

**DIE ALLERBESTEN BURGER WERDEN MIT FRISCH DURCHGEDREHTEM HACKFLEISCH ZUBEREITET, UND DAFÜR BRAUCHT MAN NICHT MAL EINEN FLEISCHWOLF.**

VORBEREITUNG: 20 MINUTEN PLUS KÜHLZEIT | GAREN: 10 MINUTEN | FÜR 4 PORTIONEN

450 g Rinderschmorfleisch mit mindestens 20 % Fettanteil

1 TL Salz

½ TL Pfeffer

4 Hamburger-Brötchen, halbiert

4 Gruyère-Käsescheiben

2 EL Mayonnaise

2 EL Tomatenketchup

4 Salatblätter

2 große Tomaten, in Scheiben geschnitten

1. Den Holzkohlegrill für mittlere Hitze vorbereiten. Das Fleisch in 2,5 cm große Würfel schneiden, auf einen Teller geben, mit Frischhaltefolie abdecken und etwa 30 Minuten in den Kühlschrank stellen.

2. Die Hälfte des Fleischs in eine Küchenmaschine geben oder in einem Standmixer zu einer groben Masse verarbeiten. Das Fleisch mit der Hälfte von Salz und Pfeffer würzen und noch einmal kurz mixen. Die Masse sollte Gehacktem ähneln und darf nicht zu lange püriert werden, da sie sonst zu Mus wird. Aus der Küchenmaschine nehmen und mit dem restlichen Fleisch ebenso verfahren. Die Mischung in 4 gleich große Portionen aufteilen und zu je 1 Patty formen.

3. Die Pattys auf den Rost legen und nach Geschmack grillen, bis sie braun sind. Für Englisch sollten sie 3 Minuten pro Seite gegrillt werden, für Medium jeweils 4 Minuten. In den letzten 2 Minuten jeden Patty mit 1 Käsescheibe belegen.

4. Inzwischen Mayonnaise und Ketchup in einer Schüssel verrühren. Die Brötchen damit bestreichen, dann die Pattys hineingeben und mit Salatblättern und Tomatenscheiben belegen. Sofort servieren.

PRO PORTION: 639 KCAL | FETT: 40,6 G | KOHLENHYDRATE: 32,7 G | ZUCKER: 6,2 G | BALLASTSTOFFE: 3,7 G | EIWEISS: 34,6 G | SALZ: 3 G

# SMOKE-BURGER

**RÄUCHERKÄSE VERLEIHT DIESEM LEICHT GESMOKTEN RINDFLEISCH-BURGER ZUSÄTZLICHES AROMA. EIN SÜSSSAURES FEIGEN-RELISH IST DIE PERFEKTE ERGÄNZUNG.**

VORBEREITUNG: 30 MINUTEN | GAREN: 35 MINUTEN | FÜR 4 PORTIONEN

Holzchips, zum Räuchern

450 g frisches Rinderhackfleisch

1 TL Salz

½ TL Pfeffer

4 Scheiben Räucherkäse

4 süße Hamburger-Brötchen, halbiert

**RÖSTZWIEBELN**

1–2 EL Pflanzenöl oder Olivenöl

½ rote Zwiebel, in Ringe geschnitten

½ EL fein gehackter frischer Rosmarin, Thymian oder Oregano (nach Belieben)

Salz und Pfeffer

½ EL Rotweinessig

**FEIGEN-RELISH**

1 Portion Röstzwiebeln

75 g Feigenkonfitür

1 EL Rotweinessig

1 EL Sojasauce

1 TL Worcestersauce

Pfeffer

1. Zum Räuchern Holzchips mindestens 10 Minuten in Wasser einweichen.

2. Für die Röstzwiebeln so viel Öl in eine große Pfanne geben, dass der Boden gerade bedeckt ist. Die Pfanne auf mittlerer Stufe erhitzen. Wenn das Öl heiß ist, die Zwiebelringe zugeben und auf einer Seite 3 Minuten braun braten. Die Kräuter, falls verwendet, zufügen und umrühren. Die Zwiebeln unter ständigem Rühren 12 Minuten weiterbraten, bis sie schön braun sind. Nach Belieben mit Salz und Pfeffer abschmecken. Den Essig zugeben und 8–10 Minuten weiterbraten, bis die Zwiebeln weich sind.

3. Für das Relish Röstzwiebeln, Konfitüre, Essig, Sojasauce, Worcestersauce und Pfeffer nach Geschmack in einem mittelgroßen Topf verrühren. Langsam zum Kochen bringen und 1–2 Minuten zu einem dicken Relish einköcheln lassen. Beiseitestellen.

4. Hackfleisch, Salz und Pfeffer sorgfältig in einer Schüssel vermengen. Die Mischung in 4 Portionen aufteilen und zu je 1 Patty formen.

5. Bei Verwendung eines Gasgrills die Holzchips in Alufolie wickeln und Belüftungslöcher einstechen, damit der Rauch entweichen kann. Den Rost anheben, das Folienpaket in der Nähe eines Brennelements platzieren und diesen auf hohe Stufe stellen. Die anderen Brenner auf mittel bis niedrig stellen, abdecken und den Grill auf 200 °C vorheizen.

6. Falls ein Kugelgrill verwendet wird, diesen für mittlere Hitze vorbereiten. Die Kohlen auf eine Seite legen und die Holzchips daraufgeben.

7. Wenn das Holz zu rauchen beginnt, die Pattys auf die andere Seite des Grillrosts legen. Abdecken und 12 Minuten garen. Danach die Pattys mit Käse belegen und weitere 2 Minuten garen, bis sie den gewünschten Gargrad erreicht haben.

8. Die Pattys in die Brötchen legen und mit dem Relish garniert servieren.

PRO PORTION: 571 KCAL | FETT: 26,9 G | KOHLENHYDRATE: 44,7 G | ZUCKER: 10 G | BALLASTSTOFFE: 2,3 G | EIWEISS: 35,2 G | SALZ: 1,8 G

# STEINPILZ-BURGER

**DIESER RINDFLEISCH-BURGER WIRD DURCH FEIN GEMAHLENE GETROCKNETE STEINPILZE WUNDERBAR AROMATISIERT UND FEIN GEWÜRZT.**

VORBEREITUNG: 10 MINUTEN | GAREN: 10 MINUTEN | FÜR 4 PORTIONEN

½ Tasse getrocknete Steinpilze (Porcini)

2 EL Olivenöl, plus etwas mehr zum Bestreichen

1 TL Salz

½ TL Pfeffer

450 g frisches Rinderhackfleisch

50 g Gruyère, gerieben

4 süße Hamburger-Brötchen, halbiert

4 TL weiche Butter

Röstzwiebeln (siehe Seite 38)

1. Die getrockneten Pilze in einer Gewürzmühle oder einer gereinigten Kaffeemühle mahlen. Sie sollten 2 Esslöffel Pulver ergeben. Das Pulver mit Öl, Salz und Pfeffer in eine Schüssel geben und rühren, bis das Salz aufgelöst ist. Falls nötig, die Mischung mit bis zu 2 Teelöffeln Wasser verdünnen. Das Hackfleisch zugeben und sorgfältig vermengen. Die Mischung in 4 gleich große Portionen aufteilen und zu je 1 Patty formen.

2. Eine Grillpfanne auf mittlerer Stufe erhitzen und einölen. Die Pattys in die Pfanne legen und abdecken. 4 Minuten von jeder Seite braten. Nach 2 Minuten den Käse auf die Pattys legen und weitere 2 Minuten braten, bis die Pattys gar sind.

3. Die Brötchen mit Butter bestreichen und je 1 Patty hineingeben. Mit den Zwiebeln garnieren und sofort servieren.

PRO PORTION: 655 KCAL | FETT: 38 G | KOHLENHYDRATE: 40,8 G | ZUCKER: 5,4 G | BALLASTSTOFFE: 3,2 G | EIWEISS: 34,7 G | SALZ: 2,5 G

# AUSTRALISCHER BURGER

**EINE KLASSISCHE AUSTRALISCHE KOMBINATION AUS ROTER BETE, GEGRILLTER ANANAS UND SPIEGELEI MACHEN DIESEN TURMHOHEN BURGER ZU EINEM BESONDERS SAFTIGEN VERGNÜGEN.**

VORBEREITUNG: 20 MINUTEN | GAREN: 12 MINUTEN | FÜR 4 PORTIONEN

- 450 g frisches Rinderhackfleisch
- 1 TL Salz
- ½ TL Pfeffer
- 3 EL Pflanzenöl
- 4 Scheiben Ananas aus der Dose
- 4 Eier
- Salz und Pfeffer
- 4 weiche Hamburger-Brötchen, halbiert
- 4 TL Mayonnaise
- 8 Scheiben eingelegte Rote Bete
- 4 Salatblätter
- 2 große Tomaten, in Scheiben geschnitten

1. Hackfleisch, Salz und Pfeffer in einer großen Schüssel sorgfältig vermengen. Die Mischung in 4 gleich große Portionen teilen und zu je 1 Patty formen.

2. Eine Grillpfanne auf mittlerer Stufe erhitzen und mit 1 Esslöffel Öl einfetten. Die Ananas und die Pattys mit 1 Esslöffel Öl einfetten und gemeinsam in die Pfanne geben. Abdecken und die Ananas 3 Minuten von jeder Seite braten, bis sie weich ist und Streifen hat. Die Pattys 4 Minuten von jeder Seite braten. Aus der Pfanne nehmen und warm halten.

3. Etwa 1 Esslöffel Öl in die Pfanne geben, sodass der Boden bedeckt ist. Die Eier darin aufschlagen und nach Belieben mit Salz und Pfeffer bestreuen. Abdecken und 3 Minuten braten, bis das Eiweiß gestockt ist.

4. Die Brötchenhälften mit Mayonnaise bestreichen. Je 1 Ananas auf die Unterseiten legen, dann je 1 Patty, 1 Spiegelei, 2 Rote-Bete-Scheiben, Salat und Tomate darübergeben. Mit den oberen Brötchenhälften belegen und sofort servieren.

PRO PORTION: 663 KCAL | FETT: 38 G | KOHLENHYDRATE: 42,4 G | ZUCKER: 12,8 G | BALLASTSTOFFE: 4,9 G | EIWEISS: 34,9 G | SALZ: 1,3 G

# TERIYAKI-BURGER MIT GEMÜSE

**TERIYAKI-SAUCE WIRD HIER ALS MARINADE EINGESETZT, UM DAS RINDFLEISCH ZART ZU MACHEN UND DEM BURGER FEINE ASIATISCHE GESCHMACKSNOTEN ZU VERLEIHEN.**

VORBEREITUNG: 10 MINUTEN PLUS KÜHLZEIT | GAREN: 10 MINUTEN | FÜR 4 PORTIONEN

- 450 g Tatar
- 8 Frühlingszwiebeln, grob gehackt
- 4 Knoblauchzehen, gehackt
- 2,5-cm-Stück Ingwerwurzel, frisch gerieben
- ½ EL Wasabi oder Meerrettich
- 3 EL Teriyaki-Sauce
- 2 EL Erdnussöl
- 120 g Karotten, gerieben
- 120 g Pak Choi, in Streifen geschnitten
- 50 g Gurke, in feine Stifte geschnitten
- 4 Hamburger-Brötchen, halbiert
- knusprig gebratene Algen, zum Garnieren (nach Belieben)

1. Tatar, Frühlingszwiebeln, Knoblauch, Ingwer, Wasabi und Teriyaki-Sauce in einer Küchenmaschine oder in einem Standmixer mit der Pulsfunktion mixen. Die Mischung zu 4 gleich großen Pattys formen. Abdecken und 30 Minuten in den Kühlschrank stellen.

2. Eine schwere Pfanne erhitzen und 1 Esslöffel Öl hineingeben. Wenn das Öl heiß genug ist, die Pattys bei mittlerer Hitze von jeder Seite darin 3–5 Minuten braten, bis sie gar sind. Bei Bedarf mehr Öl zugeben. Warm halten.

3. Das Gemüse in einer kleinen Schüssel mit 1 Esslöffel Öl vermengen, auf die unteren Brötchenhälften verteilen und die Pattys daraufgeben. Nach Belieben mit Algen garnieren. Die oberen Hälften auflegen und sofort servieren.

PRO PORTION: 444 KCAL | FETT: 18,9 G | KOHLENHYDRATE: 36,7 G | ZUCKER: 7 G | BALLASTSTOFFE: 4,7 G | EIWEISS: 29,5 G | SALZ: 1,1 G

# CHILI-BURGER MIT PAK CHOI

**EINE MISCHUNG AUS RINDER- UND SCHWEINEHACK SORGT FÜR DEN BESONDEREN GESCHMACK DIESES BURGERS, UND CHILISAUCE, KNOBLAUCH UND INGWER LIEFERN EINEN ECHTEN KICK!**

VORBEREITUNG: 20 MINUTEN PLUS KÜHLZEIT | GAREN: 20 MINUTEN | FÜR 4 PORTIONEN

1 großes Bund Koriander
1 Knoblauchzehe
250 g frisches Rinderhackfleisch
250 g Schweinemett
2 EL rote Chilisauce
2 EL frisch geriebene Ingwerwurzel
2 EL Sojasauce
2 kleine Pak Choi
2 EL Pflanzenöl
4 Sesam-Hamburger-Brötchen, halbiert

1. Die Hälfte der Korianderblätter hacken und den Knoblauch fein hacken.

2. Rindfleisch, Schweinemett, Chilisauce, Ingwer, Sojasauce, Knoblauch und gehackten Koriander in einer großen Schüssel vermengen. Die Mischung in 4 gleich große Portionen teilen und zu je 1 Patty von 1–2 cm Dicke formen. Abdecken und in den Kühlschrank stellen.

3. Den Pak Choi grob hacken und die dicken Enden wegwerfen. Eine große Pfanne auf hoher Stufe erhitzen, das Öl zugeben und auf dem Boden verteilen. Den Pak Choi hineingeben und unter häufigem Rühren braten, bis er zusammenfällt. Beiseitestellen.

4. Die Pattys in die Pfanne geben und 4 Minuten braten, bis sie braun sind. Wenden und von der anderen Seite 4 Minuten braten, bis sie gar und auf beiden Seiten braun sind.

5. Die Pattys in die Brötchen legen. Jeden Patty mit dem gebratenen Pak Choi und den restlichen Korianderblättern garnieren und sofort servieren.

PRO PORTION: 427 KCAL | FETT: 21,3 G | KOHLENHYDRATE: 30,1 G | ZUCKER: 3,8 G | BALLASTSTOFFE: 3,6 G | EIWEISS: 26,6 G | SALZ: 1,3 G

# KAFFEE-BURGER

**KAFFEEGRANULAT SORGT HIER FÜR EIN RÖSTFRISCHES GESCHMACKSERLEBNIS UND EINE EXTRAPORTION KOFFEIN.**

VORBEREITUNG: 15 MINUTEN | GAREN: 20 MINUTEN | FÜR 4 PORTIONEN

- 1 EL Instant-Kaffeegranulat, fein gemahlen
- 2 TL brauner Zucker
- 1 TL Salz
- ¼ TL Pfeffer
- 500 g frisches Rinderhackfleisch
- 1 kleine Zwiebel, gerieben
- 1 Eigelb
- 1 EL Olivenöl
- 4 weiche Hamburger-Brötchen, halbiert
- 4 EL Mayonnaise
- 1 TL mittelscharfer Senf
- 100 g Wildkräutersalatblätter
- 2 große Tomaten, in Scheiben geschnitten

1. Das Kaffeepulver mit Zucker, Salz und Pfeffer in einer großen Schüssel mischen. Rinderhack, Zwiebel und Eigelb zugeben und alles von Hand vermengen. Die Masse in 4 Portionen teilen und zu Pattys formen.

2. Eine gusseiserne (Grill-)Pfanne bei mittlerer bis starker Hitze heiß werden lassen. Die Pattys dünn mit Öl bestreichen und 6–8 Minuten von jeder Seite braten, bis sie durchgegart sind. Alternativ unter dem heißen Backofengrill garen.

3. Die Brötchenhälften leicht toasten. Mayonnaise und Senf in einer Schale verrühren. Die unteren Brötchenhälften mit Pattys, einigen Salatblättern und Tomatenscheiben belegen. Einen Klacks Senf-Mayonnaise darauf verteilen. Mit den oberen Brötchenhälften bedecken. Sofort servieren.

PRO PORTION: 543 KCAL | FETT: 28,5 G | KOHLENHYDRATE: 36,2 G | ZUCKER: 8,2 G | BALLASTSTOFFE: 4,2 G | EIWEISS: 32 G | SALZ: 2,5 G

# TÜRKISCHER LAMM-BURGER MIT AUBERGINEN

**DIESER WÜRZIGE LAMMFLEISCH-BURGER ZWISCHEN ZWEI SAFTIGEN AUBERGINENSCHEIBEN MIT TRADITIONELLER TÜRKISCHER SAUCE WIRD BESTIMMT EINEN DAUERHAFTEN EINDRUCK HINTERLASSEN.**

VORBEREITUNG: 15 MINUTEN | GAREN: 20 MINUTEN | FÜR 2 PORTIONEN

225 g frisches Lammhackfleisch
2 Knoblauchzehen, zerdrückt
1 TL gemahlener Kreuzkümmel
1 TL Sumach
1 Ei (Klasse S), verquirlt
Salz und Pfeffer
2½ EL Olivenöl
½ große rote Paprika, geviertelt
1 kleine Zwiebel, in feine Ringe geschnitten
4 große runde Auberginenscheiben, je 1–1½ cm dick
2 Friséesalatblätter

**CAÇIK**

10-cm-Stück Salatgurke
3 EL fester griechischer Naturjoghurt
2 TL frisch gehackter Dill
1 TL Weißweinessig
¼ TL Salz

1. Das Hackfleisch mit 1 Knoblauchzehe, Kreuzkümmel, Sumach und Ei in eine Schüssel geben. Nach Belieben salzen und pfeffern. Die Zutaten vermengen und zu 2 dicken Pattys formen.

2. Einen Esslöffel Öl in einer beschichteten Pfanne erhitzen. Paprika und Zwiebelringe darin bei mittlerer bis starker Hitze 3–4 Minuten braten, bis sie weich und rundum leicht schwarz geworden sind. Mit einem Schaumlöffel auf einen vorgewärmten Teller heben. Die Auberginenscheiben mit ½ Esslöffel Öl in die Pfanne geben und 2–3 Minuten von jeder Seite Braten, bis sie weich und leicht gebräunt sind. Auf den Teller heben. Nach Belieben salzen und pfeffern.

3. Für die Caçik die Gurke längs halbieren und die Kerne mit einem Teelöffel herausschaben. Grob schälen, dann fein hacken. Auf ein sauberes Tuch geben und möglichst gut ausdrücken. Die Gurke in einer Schüssel mit Joghurt, restlichem Knoblauch, Dill, Essig und Salz verrühren.

4. Die Pfanne mit einem Esslöffel Öl bestreichen und sehr heiß werden lassen. Die Pattys darin 4–5 Minuten von jeder Seite braten, bis sie durchgegart sind.

5. Für die Burger je eine Auberginenscheibe auf einen Teller legen. Salatblatt, Paprika und ein paar Zwiebelringe daraufgeben. Die Pattys daraufsetzen. Ein zweites Paprikastück und Zwiebelringe sowie einen Klacks Caçik daraufgeben. Mit einer zweiten Auberginenscheibe bedecken. Die restliche Sauce separat dazureichen.

PRO PORTION: 549 KCAL | FETT: 40,9 G | KOHLENHYDRATE: 15,4 G | ZUCKER: 7,5 G | BALLASTSTOFFE: 4,1 G | EIWEISS: 31,3 G | SALZ: 1,1 G

# LAMM-BURGER MIT ZAZIKI UND FETA

**DIESER SAFTIGE LAMMFLEISCH-BURGER WIRD DURCH PIKANTEN ZAZIKI, EINGELEGTE ZWIEBELN UND SALZIGEN FETA PERFEKT ERGÄNZT.**

VORBEREITUNG: 15 MINUTEN | GAREN: 10 MINUTEN | FÜR 4 PORTIONEN

1 EL Pflanzenöl

500 g frisches Lammhackfleisch

1 TL Kreuzkümmelsamen

Salz und Pfeffer

4 Hamburger-Brötchen, halbiert

100 g Feta, zerkrümelt

**ZAZIKI**

4 EL griechischer Naturjoghurt

25 g frische Minze, gehackt

25 g frischer Dill, gehackt

½ Salatgurke, in Scheiben geschnitten

Salz und Pfeffer

**EINGELEGTE ZWIEBELN**

1 rote Zwiebel, in feine Ringe geschnitten

2 EL Rotweinessig

½ TL Salz

1. Den Holzkohlegrill für mittlere bis starke Hitze vorbereiten. Den Grillrost dünn mit Öl einfetten. Das Lammhackfleisch in einer mittelgroßen Schüssel mit Kreuzkümmel und, falls verwendet, etwas Salz und Pfeffer vermengen.

2. Die Masse in 4 gleich große Portionen teilen und zu Pattys formen.

3. Für den Zaziki alle Zutaten in einer kleinen Schüssel verrühren.

4. Für die eingelegten Zwiebeln alle Zutaten in einer Schale vermengen.

5. Die Pattys auf dem heißen Grill 5 Minuten von jeder Seite grillen, bis sie durchgegart sind.

6. Die Pattys auf die unteren Brötchenhälften setzen. Mit Zaziki, Feta und eingelegten Zwiebeln garnieren. Die oberen Brötchenhälften daraufsetzen. Sofort servieren.

PRO PORTION: 623 KCAL | FETT: 36,1 G | KOHLENHYDRATE: 35,4 G | ZUCKER: 6,6 G | BALLASTSTOFFE: 4,1 G | EIWEISS: 37,7 G | SALZ: 2,3 G

# LAMM-KRÄUTER-BURGER

**MANCHMAL SIND FRISCHE KRÄUTER ALLES, WAS MAN BRAUCHT, UM EINFACHES LAMMHACKFLEISCH IN EINEN KÖSTLICHEN BURGER ZU VERWANDELN.**

VORBEREITUNG: 10 MINUTEN | GAREN: 8 MINUTEN | FÜR 4 PORTIONEN

450 g frisches mageres Lammhackfleisch

75 g frische Semmelbrösel

1 Zwiebel, fein gehackt

3 EL frisch gehackte Kräuter, wie Minze, Rosmarin oder Thymian

1 Ei, verquirlt

½ EL Apfelsaft

Salz und Pfeffer

2 EL Pflanzenöl

4 Hamburger-Brötchen, halbiert

4 Salatblätter

2 große Tomaten, in Scheiben geschnitten

1. Das Lammhackfleisch in einer großen Schüssel mit Semmelbröseln, Zwiebel, Kräutern, Ei und Apfelsaft vermengen. Nach Belieben salzen und pfeffern.

2. Die Masse in 4 gleich große Portionen teilen, zu Kugeln formen und flach drücken, bis die gewünschte Patty-Dicke erreicht ist.

3. Das Öl in einer großen Pfanne erhitzen. Die Pattys darin bei mittlerer bis starker Hitze 3–4 Minuten von jeder Seite braten, bis sie durchgegart sind.

4. Die unteren Brötchenhälften mit je einem Salatblatt und einer Tomatenscheibe belegen. Die Pattys daraufsetzen und mit den oberen Brötchenhälften bedecken. Sofort servieren.

PRO PORTION: 603 KCAL | FETT: 32,6 G | KOHLENHYDRATE: 42,4 G | ZUCKER: 6,7 G | BALLASTSTOFFE: 4,9 G | EIWEISS: 33,2 G | SALZ: 1,2 G

# MAROKKANISCHER LAMM-BURGER

**DIESER BURGER ERH¨LT DURCH EINE UNGEWÖHNLICHE WÜRZMISCHUNG MIT PIKANTER HARISSAPASTE SEIN BESONDERES AROMA.**

VORBEREITUNG: 20 MINUTEN PLUS RUHEZEIT | GAREN: 12 MINUTEN | FÜR 4 PORTIONEN

550 g frisches Lammhackfleisch
1 Zwiebel, gerieben
1 TL Harissa
1 Knoblauchzehe, zerdrückt
2 EL fein gehackte frische Minze,
½ TL Kreuzkümmelsamen, zerstoßen
½ TL Paprikapulver
Salz und Pfeffer
2 EL Olivenöl
4 Pita-Brote, erwärmt und geöffnet
½ rote Zwiebel, in Ringe geschnitten
Salatblätter, in Streifen geschnitten (nach Belieben)

**GURKEN-JOGHURT-SAUCE**

½ Salatgurke
1 EL Salz
4 EL Naturjoghurt
6 EL fein gehackte frische Minze

1. Für die Sauce die Gurke schälen, längs vierteln und die Samen herauslöffeln. Das Fleisch hacken und in ein Sieb geben, das über einer Schüssel liegt. Mit Salz bestreuen, einen Teller darauflegen und diesen mit Konservendosen beschweren. 30 Minuten abtropfen lassen, dann die Gurkenstückchen mit den restlichen Saucenzutaten vermengen.

2. Lammfleisch, Zwiebel, Harissa, Knoblauch, Minze, Kreuzkümmel und Paprikapulver in einer Schüssel vermengen. Nach Belieben Salz und Pfeffer zugeben und mit einer Gabel vermengen. Die Mischung in 4 gleich große Portionen teilen und zu je 1 Patty von 2,5 cm Dicke formen. Abdecken und bei Raumtemperatur 30 Minuten ziehen lassen.

3. Den Holzkohlegrill anheizen. Die Pattys leicht einölen. Den Grillrost einfetten. 5–6 Minuten von jeder Seite über heißen Kohlen grillen, bis die Pattys gar sind.

4. Die Pattys in die warmen Pita-Brote geben, mit roten Zwiebelringen und nach Belieben mit Salatblättern belegen, einen Löffel Sauce hinzufügen und sofort servieren.

PRO PORTION: 642 KCAL | FETT: 36,1 G | KOHLENHYDRATE: 41,2 G | ZUCKER: 4,6 G | BALLASTSTOFFE: 3,3 G | EIWEISS: 36,9 G | SALZ: 2,7 G

# BURGER MIT SCHWEINEBAUCH UND KIMCHI

**FÜR DIESEN TOLLEN BURGER WERDEN BRÖTCHEN MIT JAPANISCH GEWÜRZTEM, SUPERAROMATISCHEM SCHWEINEBAUCH UND EINER PIKANTEN KIMCHI-MISCHUNG GEFÜLLT – IDEAL AUCH FÜR EINE PARTY!**

VORBEREITUNG: 20 MINUTEN | GAREN: 2 STUNDEN 15 MINUTEN | FÜR 14 PORTIONEN

1 kg Schweinebauch
3 Stücke Sternanis
1 Zimtstange
5 getrocknete Shiitake-Pilze
5 Frühlingszwiebeln
200 g Zucker
100 ml helle Sojasauce
300 ml Reiswein
100 ml Reisessig
14 kleine Hamburger-Brötchen, halbiert
6 EL Mayonnaise

**KIMCHI**

3 EL Mayonnaise
½ Chinakohl, fein geschnitten
200 g Kimchi, klein geschnitten
4 Frühlingszwiebeln, in Ringe geschnitten
20 g eingelegter Ingwer, gehackt

1. Den Backofen auf 180 °C vorheizen.

2. Den Schweinebauch mit Sternanis, Zimtstange, Pilzen, Frühlingszwiebeln, Zucker, Sojasauce, Reiswein und Reisessig in eine große Bratform geben. Mit Backpapier und Alufolie abdecken.

3. Im vorgeheizten Ofen 2 Stunden braten, bis das Fleisch durchgegart ist. Zur Probe die dickste Stelle einstechen: Der austretende Fleischsaft sollte klar sein. Vollständig im Bratensaft erkalten lassen.

4. Für den Kimchi alle Zutaten in einer mittleren Schüssel sorgfältig vermengen.

5. Den Holzkohlegrill für mittlere bis starke Hitze vorbereiten. Den Schweinebauch in 2 cm dicke Scheiben schneiden. Auf den Grillrost legen und 3–4 Minuten von jeder Seite garen, bis die Glasur zu karamellisieren beginnt.

6. Die Schweinebauchscheiben in gut brötchenbreite Stücke schneiden. Die Brötchenhälften mit Mayonnaise bestreichen und mit Schweinebauch und Kimchi zusammensetzen.

PRO PORTION: 415 KCAL | FETT: 34,3 G | KOHLENHYDRATE: 19,1 G | ZUCKER: 5 G | BALLASTSTOFFE: 1,1 G | EIWEISS: 11,8 G | SALZ: 0,8 G

# CAJUN-SCHWEINEFLEISCH-BURGER

**DIESER SCHWEINEFLEISCH-BURGER WIRD DURCH EINE AROMATISCHE CAJUN-GEWÜRZMISCHUNG AUFGEPEPPT UND IST DURCH GERIEBENEN APFEL UND SÜSSKARTOFFELN SEHR SAFTIG.**

VORBEREITUNG: 20 MINUTEN PLUS KÜHLZEIT | GAREN: 35–40 MINUTEN | FÜR 4 PORTIONEN

1 große Süßkartoffel (etwa 250 g), in Stücke geschnitten

Salz

450 g Schweinemett

1 Apfel, geschält, entkernt und gerieben

2 EL Cajun-Gewürzmischung

450 g Zwiebeln

1 EL frisch gehackter Koriander

Pfeffer

2 EL Sonnenblumenöl

8 Scheiben Speck

1. Die Süßkartoffel in leicht gesalzenem Wasser 15–20 Minuten köcheln, bis sie gar ist. Zur Probe mit einer Gabel hineinstechen. Abgießen, zerdrücken und beiseitestellen.

2. Fleisch, Süßkartoffel, Apfel und Cajun-Gewürzmischung in eine Schüssel geben. 1 Zwiebel schälen, in die Mischung reiben und Koriander sowie nach Belieben Salz und Pfeffer zugeben. Gut vermengen. Die Mischung in 4 gleich große Portionen teilen und zu je 1 Patty formen. Abdecken und für 1 Stunde in den Kühlschrank stellen.

3. Die restlichen Zwiebeln schälen und in Ringe schneiden. 1 Esslöffel Öl in einer Pfanne erhitzen. Die Zwiebelringe hineingeben und bei niedriger Hitze 10–12 Minuten dünsten, bis sie weich sind. Aus der Pfanne nehmen und beiseitestellen. Jedes Patty in 2 Scheiben Speck wickeln.

4. Den Holzkohlegrill anheizen. Die Pattys mit dem restlichen Öl einfetten und über heißen Kohlen 4–5 Minuten von jeder Seite grillen, bis sie gar sind. Alternativ in einer Grillpfanne oder unter dem heißen Backofengrill garen. Sofort mit den gebratenen Zwiebeln servieren.

PRO PORTION: 547 KCAL | FETT: 36,9 G | KOHLENHYDRATE: 21,2 G | ZUCKER: 7,8 G | BALLASTSTOFFE: 3,3 G | EIWEISS: 32 G | SALZ: 2,7 G

# PULLED-PORK-BURGER

**DAS SCHWEINEFLEISCH WIRD 8 STUNDEN IN EINEM SCHONGARER ZUBEREITET UND MIT EINER WÜRZIGEN BARBECUESAUCE VERFEINERT – FÜR EINEN SAFTIG-AROMATISCHEN BURGER-GENUSS!**

VORBEREITUNG: 20 MINUTEN | GAREN: 8 STUNDEN | FÜR 6 PORTIONEN

- 2 Zwiebeln, in Ringe geschnitten
- 1,5 kg ausgelöste Schweineschulter, gerollt
- 2 EL brauner Zucker
- 2 EL Worcestersauce
- 1 EL mittelscharfer Senf
- 2 EL Tomatenketchup
- 1 EL Apfelessig
- Salz und Pfeffer
- 4 Hamburger-Brötchen, halbiert

1. Die Zwiebeln im Schongarer verteilen und die Schweineschulter darauflegen. Zucker, Worcestersauce, Senf, Ketchup und Essig in einer Schale verrühren und die Schweineschulter damit bestreichen. Nach Belieben salzen und pfeffern. Auf niedriger Stufe 8 Stunden garen.

2. Die Schweineschulter aus dem Schongarer heben. Auf ein Schneidebrett setzen und mit zwei Gabeln zerzupfen. Das Fleisch in eine Schüssel füllen.

3. Den Bratensaft entfetten. Etwas Saft zum zerzupften Fleisch geben und vermengen. Das Pulled Pork auf den unteren Brötchenhälften verteilen. Die oberen Brötchenhälften daraufsetzen. Sofort servieren.

PRO PORTION: 651 KCAL | FETT: 18 G | KOHLENHYDRATE: 39,2 G | ZUCKER: 11,8 G | BALLASTSTOFFE: 2,3 G | EIWEISS: 82,2 G | SALZ: 1,5 G

# BURGER MIT ORANGENMARINADE

**DIESER UNGEWÖHNLICHE BURGER AUS ZARTEM, MARINIERTEM SCHWEINEFILET ZEICHNET SICH DURCH EIN FEINHERBES ORANGENAROMA AUS.**

VORBEREITUNG: 45 MINUTEN PLUS KÜHLZEIT | GAREN: 45 MINUTEN | FÜR 4 PORTIONEN

450 g Schweinefilet, in Stücke geschnitten

2 Pastinaken, in Stücke geschnitten

Salz

1 EL fein abgeriebene Schale von 1 unbehandelten Orange

2 Knoblauchzehen, fein gehackt

6 Frühlingszwiebeln, fein gehackt

1 Zucchini, gerieben

Pfeffer

1 EL Sonnenblumenöl

4 Salatblätter

4 Hamburger-Brötchen, halbiert

**ORANGENMARINADE**

3 EL Orangenmarmelade

2 EL Orangensaft

1 EL Balsamico

1. Für die Marinade Marmelade, Orangensaft und Essig in einen Topf geben und unter Rühren erhitzen, bis die Marmelade flüssig ist. Die Fleischstücke in eine Schüssel legen und die warme Marinade über das Fleisch gießen und sorgfältig vermengen. Die Schüssel abdecken und 30 Minuten marinieren.

2. Die Pastinaken in kochendem Salzwasser 15–20 Minuten weich garen. Abgießen, abtropfen lassen und zerstampfen.

3. Das marinierte Fleisch gut abtropfen lassen und die Marinade aufbewahren. Anschließend das Fleisch durch den Fleischwolf drehen oder fein hacken. Mit dem Pastinakenmus in einer Schüssel vermengen. Orangenschale, Knoblauch, Frühlingszwiebeln und Zucchini zugeben, nach Belieben mit Salz und Pfeffer würzen und nochmals vermengen. Aus der Masse 4 große, flache Pattys formen. Auf einen Teller legen, abdecken und 30 Minuten im Kühlschrank ziehen lassen.

4. Den Holzkohlegrill für mittlere Hitze vorbereiten. Wenn die Kohlen gut durchgeglüht sind, die Pattys mit etwas Öl bestreichen und 4–6 Minuten von jeder Seite grillen, bis sie durchgegart sind. Die zurückbehaltene Marinade in einem Topf 5 Minuten einkochen und in eine Schüssel füllen. Je 1 Patty und 1 Salatblatt zwischen die beiden Brötchenhälften legen und mit der Sauce servieren.

PRO PORTION: 438 KCAL | FETT: 11,2 G | KOHLENHYDRATE: 53,7 G | ZUCKER: 17,7 G | BALLASTSTOFFE: 7,1 G | EIWEISS: 29,8 G | SALZ: 0,8 G

# VIETNAMESISCHER BURGER

**DIESER VON DEN VIETNAMESISCHEN BAGUETTE-SANDWICHES INSPIRIERTE BURGER WIRD MIT CHINESISCHEM FÜNF-GEWÜRZE-PULVER GEWÜRZT UND MIT EINGELEGTEM GEMÜSE SERVIERT.**

VORBEREITUNG: 30 MINUTEN PLUS ZEIT ZUM MARINIEREN | GAREN: 10 MINUTEN | FÜR 4 PORTIONEN

450 g frisches Schweinemett

1 Knoblauchzehe, fein gehackt

1 EL thailändische Fischsauce

1 EL chinesisches Fünf-Gewürze-Pulver

½ EL Zucker

¼ EL Pfeffer

4 Brötchen, halbiert

50 ml Mayonnaise

½ Salatgurke, in lange, dünne Scheiben geschnitten

1 frische Jalapeño-Chilischote, entkernt und in dünne Ringe geschnitten

1 Handvoll frische Korianderblätter

2 EL Sojasauce

**SÜSSSAURES GEMÜSE**

150 g Karotten, in feine Streifen geschnitten

200 g Rettich, in feine Streifen geschnitten

1 EL Salz

1 EL Zucker

175 ml heller Essig

1. Für das süßsaure Gemüse Karotten und Rettich in eine mittelgroße Schüssel geben und mit Salz und Zucker bestreuen. Essig und 175 ml Wasser zugeben und mindestens 30 Minuten oder über Nacht marinieren.

2. Mett, Knoblauch, Fischsauce, Gewürzpulver, Zucker und Pfeffer in einer mittelgroßen Schüssel vorsichtig vermengen. Die Mischung in 4 gleich große Portionen teilen und zu je 1 ovalen Patty formen, das in ein Brötchen passt.

3. Eine Grillpfanne auf mittlerer Stufe erhitzen und die Pattys von jeder Seite 5 Minuten darin braten, bis sie braun und gar sind.

4. Die Brötchenhälften mit der Mayonnaise bestreichen und die unteren Brötchenhälften mit den Pattys belegen. Auf jeden Patty Gurkenscheiben und Chiliringe geben und mit süßsaurem Gemüse und Koriander garnieren. Mit Sojasauce beträufeln, mit den oberen Brötchenhälften garnieren und sofort servieren.

PRO PORTION: 590 KCAL | FETT: 34,7 G | KOHLENHYDRATE: 39,8 G | ZUCKER: 9,7 G | BALLASTSTOFFE: 5,3 G | EIWEISS: 25,9 G | SALZ: 3,3 G

KAPITEL ZWEI

# GEFLÜGEL

# HÄHNCHEN-BURGER MIT TANDOORI-MAYONNAISE

**DIESER INDISCH INSPIRIERTE MARINIERTE HÄHNCHEN-BURGER WIRD MIT EINEM MILD GEWÜRZTEN KNACKIGEN KRAUTSALAT SERVIERT.**

VORBEREITUNG: 10 MINUTEN PLUS ZEIT ZUM MARINIEREN | GAREN: 20 MINUTEN | FÜR 4 PORTIONEN

2 EL Pflanzenöl
1 TL frisch geriebene Ingwerwurzel
1 TL zerdrückter Knoblauch
½ TL gemahlene Kurkuma
Salz und Pfeffer
4 Hähnchenbrustfilets
4 Hamburger-Brötchen, halbiert

**TANDOORI-MAYONNAISE**

6 EL Mayonnaise
1 EL Tandoori-Masala-Pulver
1 EL Zitronensaft

**KRAUTSALAT**

½ rote Zwiebel, in feine Streifen geschnitten
50 g Rotkohl, gehobelt
50 g Weißkohl, gehobelt
1 kleine Karotte, geraspelt
10 g frische Korianderblätter
30 g frisches Kokosfleisch, geraspelt
½ TL Kreuzkümmelsamen

1. Für die Marinade Öl, Ingwer, Knoblauch und Kurkuma in einer großen Schüssel verrühren. Nach Belieben salzen und pfeffern. Die Hähnchenbrustfilets darin wenden und mit Frischhaltefolie abgedeckt 2 Stunden im Kühlschrank marinieren.

2. Für die Tandoori-Mayonnaise alle Zutaten in einer Schale glatt verrühren.

3. Für den Krautsalat alle Zutaten in einer mittelgroßen Schüssel vermengen.

4. Eine große Grillpfanne bei mittlerer bis starker Hitze heiß werden lassen. Die Hähnchenbrustfilets aus der Marinade nehmen und abtropfen lassen.

5. Die Hähnchenbrustfilets in der heißen Pfanne 8 Minuten von jeder Seite braten, bis sie durchgegart sind.

6. Die Hamburger-Brötchen toasten und mit der Tandoori-Mayonnaise bestreichen.

7. Je ein Filetstück auf die unteren Brötchenhälften legen. Den Krautsalat darauf verteilen und die obere Brötchenhälfte daraufsetzen. Sofort servieren.

PRO PORTION: 544 KCAL | FETT: 28,1 G | KOHLENHYDRATE: 35,4 G | ZUCKER: 5,7 G | BALLASTSTOFFE: 5,5 G | EIWEISS: 34,9 G | SALZ: 1,1 G

# BUTTERMILCH-HÄHNCHEN-BURGER MIT PIKANTEM KRAUTSALAT

**WÜRZIG PANIERTE HÄHNCHENBRUSTFILETS WERDEN IN BRÖTCHEN GEPACKT UND MIT EINEM CREMIG-KNACKIGEM KRAUTSALAT SERVIERT – EINFACH HIMMLISCH!**

VORBEREITUNG: 20 MINUTEN | GAREN: 6 MINUTEN | FÜR 4 PORTIONEN

4 Hähnchenbrustfilets, je etwa 1 cm dick
225 ml Buttermilch
125 g Weizenmehl
1 EL geräuchertes Paprikapulver
2 TL Knoblauchpulver
½ TL Cayennepfeffer
Salz und Pfeffer
125 ml Pflanzenöl
4 Sesam-Hamburger-Brötchen, halbiert
4 EL Mayonnaise
2 große Tomaten, in Scheiben geschnitten
4 Salatblätter

**KRAUTSALAT**

125 ml Weinessig
125 ml Mayonnaise
2 EL saure Sahne
2 EL Zucker
¾ TL Salz
1 TL scharfe Sauce
½ TL Pfeffer
¼ TL Cayennepfeffer
½ rote Zwiebel, in feine Streifen geschnitten
100 g Rotkohl, gehobelt
100 g Weißkohl, gehobelt
2 Karotten, geraspelt

1. Die Hähnchenbrustfilets mit der Buttermilch in eine Schüssel geben.

2. Für den Krautsalat Essig, Mayonnaise, saure Sahne, Zucker, Salz, scharfe Sauce, Pfeffer und Cayennepfeffer in einer Schüssel verrühren. Zwiebel, Kohl und Karotte sorgfältig unterheben.

3. Das Mehl in einer flachen Form mit Paprika- und Knoblauchpulver, Cayennepfeffer und nach Belieben Salz und Pfeffer vermengen. Die Hähnchenbrustfilets nacheinander aus der Buttermilch nehmen und in der Mehlmischung wenden. Kurz in die Buttermilch tauchen und nochmals in der Mehlmischung wenden. Das Öl in einer großen Pfanne bei mittlerer bis starker Hitze sehr heiß werden lassen und die panierten Hähnchenbrustfilets darin etwa 3 Minuten von jeder Seite braten, bis sie goldbraun und durchgegart sind.

4. Die oberen Brötchenhälften mit Mayonnaise bestreichen. Die unteren Hälften je mit einer Tomatenscheibe und einem Salatblatt belegen. Die Hähnchenbrustfilets und die oberen Brötchenhälften daraufsetzen. Sofort mit dem Krautsalat servieren.

PRO PORTION: 965 KCAL | FETT: 53,4 G | KOHLENHYDRATE: 76,5 G | ZUCKER: 19,8 G | BALLASTSTOFFE: 8,3 G | EIWEISS: 41,8 G | SALZ: 2,9 G

# HÄHNCHEN-BURGER IM SPECKMANTEL MIT GEGRILLTER ANANAS

**DIE HERRLICHE KOMBINATION VON HÄHNCHENFLEISCH, SPECK UND ANANAS WIRD MIT EINEM PEPPIGEN DRESSING GEKRÖNT.**

VORBEREITUNG: 20 MINUTEN | GAREN: 25 MINUTEN | FÜR 4 PORTIONEN

8 Scheiben geräucherter Pancetta

4 Hähnchenbrustfilets

1 EL Pflanzenöl

1 Romanasalat-Herz, in Streifen geschnitten

4 Brioche-Hamburger-Brötchen, halbiert

**GEGRILLTE ANANAS**

½ Ananas, geschält

1 EL brauner Zucker

1 TL Pfeffer

**DRESSING**

3 EL Mayonnaise

1 EL Tomatenketchup

1 EL Sahnemeerrettich

2 TL scharfe Chilisauce

1 EL Worcestersauce

1 Schalotte, gerieben

1. Je 2 Pancettascheiben nebeneinander auf ein Schneidebrett legen. Die Hähnchenbrustfilets darauflegen und in die Speckscheiben einwickeln.

2. Die Ananas in 4 dicke Scheiben schneiden. Den Strunk in der Mitte herauslösen. Die Scheiben von beiden Seiten mit Zucker und Pfeffer bestreuen.

3. Den Holzkohlegrill für mittlere bis starke Hitze vorbereiten.

4. Für das Dressing alle Zutaten in einer kleinen Schüssel glatt verrühren.

5. Den Grillrost mit Öl bestreichen. Die Hähnchenbrustfilets darauflegen und 10 Minuten von jeder Seite grillen, bis sie durchgegart sind. Vom Grill nehmen, warm halten und 4 Minuten ruhen lassen.

6. Inzwischen die Ananasscheiben auf den Grill legen und 2 Minuten von jeder Seite karamellisieren lassen.

7. Den Salat auf die unteren Brötchenhälften verteilen. Je eine Ananasscheibe, ein Hähnchenbrustfilet und einen Löffel Dressing daraufsetzen. Mit den oberen Brötchenhälften bedecken. Sofort servieren.

PRO PORTION: 641 KCAL | FETT: 27,6 G | KOHLENHYDRATE: 56 G | ZUCKER: 17,3 G | BALLASTSTOFFE: 4,8 G | EIWEISS: 40,9 G | SALZ: 1,9 G

# KLASSISCHER HÄHNCHEN-BURGER

**NICHTS GEHT ÜBER DIE EINFACHHEIT EINES KLASSISCHEN SAFTIGEN HÄHNCHEN-BURGERS!**

VORBEREITUNG: 25 MINUTEN PLUS KÜHLZEIT | GAREN: 14 MINUTEN | FÜR 4 PORTIONEN

4 große Hähnchenbrustfilets
1 großes Eiweiß
1 EL Speisestärke
1 EL Mehl
1 Ei, verquirlt
50 g frische Semmelbrösel
2 EL Sonnenblumenöl
2 große Tomaten, in Scheiben geschnitten
4 Salatblätter
4 Hamburger-Brötchen, halbiert
4 EL Mayonnaise

1. Das Hähnchenfilet zwischen zwei Lagen Backpapier legen und mit einer Teigrolle oder einem Fleischklopfer plattieren. Eiweiß und Speisestärke vermischen und das Fleisch damit bestreichen. Abdecken und 30 Minuten in den Kühlschrank stellen. Dann mit dem Mehl bestreuen.

2. Ei und Semmelbrösel in zwei separate tiefe Teller geben. Das Fleisch zunächst im verquirlten Ei wenden, dabei überschüssiges Ei in den Teller zurücktropfen lassen. Anschließend in den Semmelbröseln wenden.

3. Das Öl in einer schweren Pfanne erhitzen. Die Pattys darin bei mittlerer Hitze von jeder Seite 6–8 Minuten braten, bis sie durch sind. Die Tomatenscheiben in den letzten 1–2 Minuten mitbraten.

4. Die Salatblätter auf die unteren Brötchenhälften verteilen und je 1 Patty darauflegen. Die Tomaten darübergeben und mit einem Löffel Mayonnaise verfeinern. Heiß servieren.

PRO PORTION: 558 KCAL | FETT: 22,7 G | KOHLENHYDRATE: 40,7 G | ZUCKER: 5,2 G | BALLASTSTOFFE: 4,1 G | EIWEISS: 44,1 G | SALZ: 1,3 G

# JAPANISCHER HÄHNCHEN-BURGER

**DIESER AROMATISCHE BURGER WIRD AM BESTEN OHNE BRÖTCHEN, NUR MIT EINER FRUCHTIG-FEINEN MANGO-SALSA SERVIERT.**

VORBEREITUNG: 15–20 MINUTEN PLUS KÜHLZEIT | GAREN: 10–15 MINUTEN | FÜR 4 PORTIONEN

500 g frisches Hähnchenhackfleisch

1 EL frisch geriebene Ingwerwurzel

1 Knoblauchzehe, fein gehackt

1 EL Ketjap Manis (indonesische Sojasauce)

½ Bund Frühlingszwiebeln, fein gehackt

2 EL Pflanzenöl

Glasnudelsalat, zum Servieren (nach Belieben)

**MANGO-SALSA**

1 große vollreife Mango, geschält, entkernt und klein gewürfelt

1 rote Zwiebel, fein gehackt

2 vollreife Tomaten, klein gewürfelt

1 frische rote Jalapeño-Chilischote, entkernt und fein gehackt

1 EL frisch gehackter Koriander

2 EL Limettensaft

Salz

1. Das Hähnchenhackfleisch mit Ingwer, Knoblauch, Ketjap Manis und Frühlingszwiebeln in einer Schüssel grob vermengen. Die Masse zu 4 Pattys formen, auf einen Teller legen und abgedeckt mindestens 30 Minuten im Kühlschrank ziehen lassen.

2. Für die Mango-Salsa alle Zutaten in einer Schale vermengen und nach Belieben mit Salz abschmecken.

3. Eine Grillpfanne bei mittlerer Hitze heiß werden lassen. Das Öl zufügen. Die Pattys darin 5–6 Minuten von jeder Seite braten, bis sie durchgegart sind. Sofort mit der Mango-Salsa und nach Belieben mit einem einfachen Glasnudelsalat servieren.

PRO PORTION: 294 KCAL | FETT: 10,8 G | KOHLENHYDRATE: 24,5 G | ZUCKER: 18,1 G | BALLASTSTOFFE: 3,1 G | EIWEISS: 26,1 G | SALZ: 0,4 G

# JAMAIKANISCHER HÄHNCHEN-BURGER

**FÜR DIESEN LECKEREN BURGER WIRD HÄHNCHENHACKFLEISCH MIT EINER JAMAIKANISCHEN JERK-GEWÜRZMISCHUNG VERFEINERT.**

VORBEREITUNG: 25 MINUTEN | GAREN: 20 MINUTEN | FÜR 4 PORTIONEN

1 TL brauner Zucker
1 TL gemahlener Ingwer
½ TL gemahlener Piment
½ TL getrockneter Thymian
½ TL Cayennepfeffer
1 EL Limettensaft
2 Knoblauchzehen, fein gehackt
Salz und Pfeffer
450 g frisches Hähnchenhackfleisch
1 EL Pflanzenöl
1 rote oder gelbe Paprika, geviertelt
1 EL Olivenöl
1 EL Rotweinessig
4 Zwiebel-Hamburger-Brötchen, halbiert
4 Salatblätter

1. Zucker, Ingwer, Piment, Thymian, Cayennepfeffer, Limettensaft, Knoblauch, ½ TL Salz und ½ TL Pfeffer in einer großen Schüssel vermischen. Das Fleisch damit vermengen. Die Mischung in 4 gleich große Portionen teilen und zu je 1 Patty formen.

2. Eine Grillpfanne auf hoher Stufe erhitzen und das Pflanzenöl hineingeben. Die Paprika 5 Minuten unter häufigem Wenden darin braten, bis sie schwarz wird. In eine Schüssel geben, mit Frischhaltefolie abdecken und 5 Minuten ruhen lassen. Die Paprika häuten und das Fruchtfleisch in Streifen schneiden. Olivenöl, Essig und nach Belieben Salz und Pfeffer zugeben.

3. Die Pattys in der abgedeckten Pfanne 5 Minuten von jeder Seite braten, bis sie braun und gar sind. Die Pattys in die Brötchen legen und mit Salat und Paprika bedecken. Sofort servieren.

PRO PORTION: 338 KCAL | FETT: 9,8 G | KOHLENHYDRATE: 30,3 G | ZUCKER: 3,7 G | BALLASTSTOFFE: 3,8 G | EIWEISS: 29,8 G | SALZ: 1 G

# HÄHNCHEN-BURGER MIT ERDNUSSSAUCE

**DIESER SAFTIGE BURGER MIT THAI-AROMEN WIRD MIT EINER SÜSS-PIKANTEN ERDNUSSSAUCE GARNIERT.**

VORBEREITUNG: 30 MINUTEN | GAREN: 10 MINUTEN | FÜR 4 PORTIONEN

1 EL Zucker

1 EL Sojasauce

1 EL thailändische Fischsauce

1 EL Zitronengras, fein gehackt

2 EL Currypulver

1 Knoblauchzehe, fein gehackt

½ frischer Serrano-Chili, gehackt, oder ½ EL Cayennepfeffer

450 g frisches Hähnchenhackfleisch

1 EL Erdnussöl

4 Brötchen, halbiert

4 Silberzwiebeln, in feine Scheiben geschnitten

**ERDNUSSSAUCE**

100 g grobe Erdnussbutter

6 EL Kokosmilch

1 EL thailändische Fischsauce

1 EL brauner Zucker

1 EL Sojasauce

2 EL Limettensaft

1 Knoblauchzehe, fein gehackt

¼ EL Cayennepfeffer

1. Zucker, Sojasauce, Fischsauce, Zitronengras, Currypulver, Knoblauch und Chili in einer mittelgroßen Schüssel verrühren. Das Fleisch sorgfältig mit der Mischung vermengen. In 4 gleich große Portionen teilen und mit feuchten Händen zu je 1 Patty von 1 cm Dicke formen.

2. Für die Erdnusssauce alle Zutaten mit 2 Esslöffeln heißem Wasser in einer Küchenmaschine oder in einem Standmixer glatt pürieren. Wenn die Mischung zu trocken ist, etwas mehr heißes Wasser zufügen.

3. Eine Grillpfanne leicht mit Öl bestreichen und auf mittlerer Stufe erhitzen. Die Pattys darin 5 Minuten braten, dann wenden und 5 Minuten weiterbraten, bis die Pattys braun und gar sind.

4. Beide Brötchenhälften mit der Erdnusssauce bestreichen, die Unterseiten mit je 1 Patty belegen und mit Silberzwiebeln garnieren. Mit den Oberseiten der Brötchen servieren.

PRO PORTION: 507 KCAL | FETT: 25,9 G | KOHLENHYDRATE: 35,5 G | ZUCKER: 10,4 G | BALLASTSTOFFE: 4,4 G | EIWEISS: 35,1 G | SALZ: 4,2 G

# KLASSISCHER PUTEN-BURGER

**WENIG FETT, VIEL GESCHMACK – PUTEN-BURGER SIND EINE TOLLE, LEICHTE ABWECHSLUNG ZUM TRADITIONELLEN RINDFLEISCH-BURGER UND SCHMECKEN MINDESTENS GENAUSO GUT!**

VORBEREITUNG: 10 MINUTEN | GAREN: 5 MINUTEN | FÜR 4 PORTIONEN

- 350 g Putenbrust, gehackt
- 4 EL frische Vollkornsemmelbrösel
- 1 kleine Zwiebel, fein gehackt
- 1 Apfel, geschält, entkernt und fein gehackt
- Saft und abgeriebene Schale von 1 kleinen unbehandelten Zitrone
- 2 EL fein gehackte frische Petersilie
- Salz und Pfeffer
- 2 EL Sonnenblumenöl
- 4 Hamburger-Brötchen oder Focaccias, aufgeschnitten

1. Den Backofengrill auf mittlere Temperatur vorheizen. Hackfleisch, Semmelbrösel, Zwiebel, Apfel, Zitronensaft und -schale sowie Petersilie in eine große Schüssel geben. Nach Belieben mit Salz und Pfeffer würzen und alles sorgfältig vermengen. Die Mischung in 4 gleich große Portionen aufteilen und zu je 1 Patty formen.

2. Die Pattys mit Öl bestreichen, in eine ofenfeste Grillpfanne geben und unter den Backofengrill stellen. Unter einmaligem Wenden 5 Minuten grillen, bis die Pattys durch sind. Zur Garprobe mit der Spitze eines Messers in die dickste Fleischstelle stechen: Der austretende Bratensaft sollte klar sein. Ist er rosafarben, dann weitere 1–2 Minuten grillen.

3. Jeden Patty in ein Brötchen legen, mit Bratensud übergießen und sofort servieren.

PRO PORTION: 331 KCAL | FETT: 5,9 G | KOHLENHYDRATE: 39,9 G | ZUCKER: 7,7 G | BALLASTSTOFFE: 4,5 G | EIWEISS: 28,6 G | SALZ: 0,8 G

# PUTEN-ESTRAGON-BURGER

**PUTE UND ESTRAGON SORGEN BEI DIESEM BURGER FÜR VIEL GESCHMACK. ER WIRD NICHT IM BRÖTCHEN, SONDERN AUF EINEM SALATBETT SERVIERT, IST ALSO BESONDERS GESUND UND LEICHT.**

VORBEREITUNG: 20 MINUTEN PLUS KÜHLZEIT | GAREN: 20–30 MINUTEN | FÜR 4 PORTIONEN

- 50 g Bulgur
- 450 g frisches Putenhackfleisch
- 1 EL fein abgeriebene Schale von 1 unbehandelten Orange
- 1 rote Zwiebel, fein gehackt
- 1 gelbe Paprika, fein gehackt
- 25 g geröstete Mandelblättchen
- 1 EL frisch gehackter Estragon
- Salz und Pfeffer
- 2 EL Sonnenblumenöl
- einige Salatblätter
- 4 große Tomaten, geviertelt
- ½ rote Zwiebel, in Ringe geschnitten

1. Den Bulgur in leicht gesalzenem Wasser nach Packungsanweisung 10–15 Minuten ziehen lassen.

2. Den Bulgur abtropfen lassen und mit Putenfleisch, Orangenschale, Zwiebel, Paprika, Mandeln und Estragon in eine Schüssel geben. Nach Belieben mit Salz und Pfeffer würzen. Alles vermischen und zu 4 gleich großen Pattys formen. Abdecken und für 1 Stunde in den Kühlschrank stellen.

3. Den Holzkohlegrill für mittlere Hitze vorbereiten. Wenn die Kohlen gut durchgeglüht sind, die Pattys mit dem Öl bestreichen und von jeder Seite 5–6 Minuten grillen, bis sie gar sind.

4. Die Salatblätter, Tomatenviertel und Zwiebelringe auf einer Servierplatte anrichten und die Pattys darauflegen. Sofort servieren.

PRO PORTION: 336 KCAL | FETT: 13,1 G | KOHLENHYDRATE: 25,8 G | ZUCKER: 7,6 G | BALLASTSTOFFE: 6,9 G | EIWEISS: 31,4 G | SALZ: 1,8 G

# MEXIKANISCHER PUTEN-BURGER

**DIESER WÜRZIGE PUTEN-BURGER WIRD MIT KNOBLAUCH, JALAPEÑOS UND BOHNEN BELEGT UND MIT EINEM KLACKS SALSA UND FRISCHER GUACAMOLE GARNIERT.**

VORBEREITUNG: 25 MINUTEN PLUS KÜHLZEIT | GAREN: 10–12 MINUTEN | FÜR 4 PORTIONEN

450 g frisches Putenhackfleisch

200 g Bohnenmus (Refried Beans)

3 Knoblauchzehen, zerdrückt

1 frische Jalapeño-Chilischote, entkernt und fein gehackt

2 EL Tomatenmark

1 EL frisch gehackter Koriander

Salz und Pfeffer

1 EL Sonnenblumenöl

175 g Babyspinatblätter, in Streifen geschnitten

4 Käse-Hamburger-Brötchen, halbiert

Tomaten-Salsa (nach Belieben)

Tortilla-Chips, zum Servieren (nach Belieben)

**GUACAMOLE**

1 Tomate

2 Limetten

3 kleine reife Avocados, entkernt und geschält

½ Zwiebel, fein gehackt

¼ TL gemahlener Kreuzkümmel

¼ TL mildes Chilipulver

½ frische grüne Chilischote, z. B. Jalapeño oder Serrano, entkernt und fein gehackt

1 EL frisch gehackter Koriander

1. Für die Guacamole die Tomate in eine Auflaufform geben und kochendes Wasser darübergießen. Abdecken und 30 Sekunden ziehen lassen. Abgießen und mit kaltem Wasser abschrecken. Die Tomate häuten, halbieren, entkernen und hacken.

2. Die Limetten pressen und den Saft in eine kleine Schüssel füllen. Die Avocados würfeln und in die Schüssel mit dem Limettensaft geben, damit sich das Fleisch nicht verfärbt. Danach die Stücke mit einer Gabel grob zerdrücken.

3. Tomate, Zwiebel, Kreuzkümmel, Chilipulver, Chili und Koriander einrühren und gut vermischen. Bis zum Servieren abgedeckt in den Kühlschrank stellen.

4. Das Hackfleisch in eine Schüssel geben, die Bohnen zerdrücken und unter das Hackfleisch kneten.

5. Knoblauch, Chili, Tomatenmark, Koriander sowie nach Belieben Salz und Pfeffer einrühren. Zu 4 gleich großen Pattys formen, abdecken und 1 Stunde in den Kühlschrank stellen.

6. Den Holzkohlegrill für mittlere Hitze vorbereiten. Wenn der Grill heiß ist, die Pattys mit dem Öl bestreichen und 5–6 Minuten von jeder Seite grillen, bis sie gar sind.

7. Den Spinat auf die unteren Brötchenhälften verteilen und die Pattys darauflegen. Etwas Guacamole und, falls verwendet, Salsa auf jeden Patty löffeln und mit der oberen Hälfte abdecken. Nach Belieben mit Tortilla-Chips servieren.

PRO PORTION: 589 KCAL | FETT: 26,4 G | KOHLENHYDRATE: 49 G | ZUCKER: 6,5 G | BALLASTSTOFFE: 11 G | EIWEISS: 40,9 G | SALZ: 1,8 G

# PUTEN-BURGER MIT ZITRONE

**DIE KOMBINATION AUS ZITRONE UND MINZE VERLEIHT DIESEM BURGER EINEN LEICHTEN, FRISCHEN GESCHMACK.**

VORBEREITUNG: 10 MINUTEN PLUS KÜHLZEIT | GAREN: 15 MINUTEN | FÜR 12 PORTIONEN

500 g frisches Putenhackfleisch
½ kleine Zwiebel, gerieben
Saft und fein abgeriebene Schale von 1 unbehandelten Zitrone
1 Knoblauchzehe, fein gehackt
2 EL fein gehackte frische Minze
Salz und Pfeffer
1 Ei, verquirlt
1 EL Olivenöl
12 Zitronenspalten, zum Servieren

1. Alle Zutaten, außer Öl und Zitronenspalten, in einer Schüssel sorgfältig vermengen. In 12 gleich große Portionen teilen und zu je 1 Patty formen. Abdecken und mindestens 1 Stunde, besser über Nacht, in den Kühlschrank stellen.

2. Das Öl in einer großen, schweren Pfanne erhitzen. Wenn es flimmert, die Pattys gegebenenfalls portionsweise hineingeben. Bei mittlerer Stufe 4–5 Minuten von jeder Seite braten, bis sie goldbraun und gar sind.

3. Die Pattys auf eine vorgewärmte Servierplatte heben und sofort mit Zitronenspalten zum Beträufeln servieren.

PRO PORTION: 69 KCAL | FETT: 2,4 G | KOHLENHYDRATE: 1,7 G | ZUCKER: 0,6 G | BALLASTSTOFFE: 0,2 G | EIWEISS: 10,1 G | SALZ: 0,1 G

# JAPANISCHER BURGER MIT PONZU-MAYONNAISE

**PONZU-SAUCE BIETET GENAU DIE AROMEN, DIE ES FÜR DIESEN SAFTIGEN, JAPANISCH ANGEHAUCHTEN BURGER BRAUCHT**

VORBEREITUNG: 20 MINUTEN | GAREN: 10 MINUTEN | FÜR 4 PORTIONEN

450 g frisches Putenhackfleisch
2 EL Sesamsaat
4 TL Sojasauce, plus etwas mehr zum Servieren
1 TL Sesamöl
1 TL fein gehackter Knoblauch
Pfeffer
4 EL Mayonnaise
2 EL Ponzu-Sauce
4 Sesam-Hamburger-Brötchen, halbiert
25 g Friséesalatblätter
2 große Tomaten, in Scheiben geschnitten

1. Fleisch, Sesam, Sojasauce, Öl, Knoblauch und Pfeffer in einer mittelgroßen Schüssel sorgfältig vermengen. Die Mischung in 4 gleich große Portionen teilen und zu je 1 Patty formen. Die Pattys auf Backpapier legen.

2. Den Backofengrill auf hoher Stufe vorheizen und den Grillrost unter den Heizstäben einschieben. Die Pattys darauflegen und 5 Minuten grillen. Dann wenden und 5 Minuten weitergrillen, bis sie gar sind.

3. Mayonnaise und Ponzu in einer kleinen Schüssel verrühren – die Sauce ist recht dünnflüssig. Die Schnittseiten der Brötchen mit der Sauce bestreichen. Dann die Pattys auflegen. Mit Salatblättern und Tomatenscheiben garnieren, mit Pfeffer bestreuen und mit Sojasauce beträufeln. Sofort servieren.

PRO PORTION: 429 KCAL | FETT: 17,3 G | KOHLENHYDRATE: 32,6 G | ZUCKER: 5,5 G | BALLASTSTOFFE: 3,7 G | EIWEISS: 34 G | SALZ: 3,4 G

# PUTEN-BURGER IM SANDWICH

**INSPIRIERT VOM AMERIKANISCHEN CLUB-SANDWICH, KOMBINIERT AUCH DIESER LECKERE BURGER PUTENFLEISCH MIT BACON, TOMATEN UND SALAT ZWISCHEN ZWEI BROTSCHEIBEN.**

VORBEREITUNG: 20 MINUTEN | GAREN: 20 MINUTEN | FÜR 4 PORTIONEN

450 g frisches Putenhackfleisch

1 Knoblauchzehe, fein gehackt

1½ EL fein gehackter frischer Rosmarin

1 EL Salz

½ EL Pfeffer

6 Speckscheiben

8 Scheiben getoastetes Weizenmischbrot

3 EL Remoulade

4 Salatblätter

2 große Tomaten, in Scheiben geschnitten

1. Den Holzkohlegrill für mittlere Hitze vorbereiten. Hackfleisch, Knoblauch, Rosmarin, Salz und Pfeffer in einer Schüssel vermengen. Die Mischung in 4 gleich große Portionen teilen und zu je 1 dicken Patty formen.

2. Den Speck 8 Minuten bei mittlerer Hitze in einer Pfanne braten, bis er knusprig ist. Auf Küchenpapier abtropfen lassen und halbieren.

3. Jede Brotscheibe mit ½ Teelöffel Remoulade bestreichen.

4. Die Pattys auf den Grillrost legen und bei mittlerer Hitze abgedeckt 4–5 Minuten von jeder Seite grillen, bis sie durchgegart sind.

5. Je 1 Patty auf 1 Brotscheibe legen und Speck, Salat und Tomaten darübergeben. Mit etwas Remoulade beträufeln und mit den restlichen Brotscheiben belegen. Sofort servieren.

PRO PORTION: 493 KCAL | FETT: 14,4 G | KOHLENHYDRATE: 55,1 G | ZUCKER: 10,2 G | BALLASTSTOFFE: 2,7 G | EIWEISS: 34,9 G | SALZ: 3,1 G

# PUTEN-GORGONZOLA-BURGER

**DIESER WÜRZIGE BURGER MIT GORGONZOLA UND SCHWARZEM PFEFFER IST EIN GAUMENSCHMAUS FÜR PUTENFLEISCH-FANS.**

VORBEREITUNG: 10 MINUTEN | GAREN: 10 MINUTEN | FÜR 4 PORTIONEN

2 Schalotten, fein gehackt
½ TL Salz
½ TL Pfeffer
50 g Gorgonzola oder anderer Blauschimmelkäse, zerkrümelt
450 g frisches Putenhackfleisch
4 knusprige Brötchen, halbiert

1. Den Holzkohlegrill für mittlere Hitze vorbereiten. Schalotten, Salz, Pfeffer und Käse in einer Schüssel verrühren. Das Putenfleisch hinzufügen und alles sorgfältig vermengen.

2. Die Patty-Mischung in 4 gleich große Portionen aufteilen und jede zu 1 Patty formen.

3. Die Pattys auf den Grillrost legen und 4 Minuten von jeder Seite grillen, bis sie braun sind und das Fleisch gar ist. Die Pattys zwischen die Brötchen legen und sofort servieren.

PRO PORTION: 399 KCAL | FETT: 6,9 G | KOHLENHYDRATE: 46,9 G | ZUCKER: 3,3 G | BALLASTSTOFFE: 2,4 G | EIWEISS: 35,1 G | SALZ: 2,3 G

KAPITEL DREI

# VEGGIE & VEGAN

# AVOCADO-QUINOA-BURGER

**BURGER KÖNNEN AUCH RICHTIG GESUND SEIN! QUINOA UND AVOCADO ERGEBEN HIER EIN SUPERFOOD-DREAMTEAM PAR EXCELLENCE.**

VORBEREITUNG: 20 MINUTEN PLUS KÜHLZEIT | GAREN: 25 MINUTEN | FÜR 4 PORTIONEN

200 g Quinoa
1 kleine Zwiebel
1 Knoblauchzehe
50 g getrocknete Tomaten in Öl, abgetropft
1 Ei, verquirlt
Salz und Pfeffer
4 Avocados
2 EL Olivenöl
50 g Frischkäse
½ grüne Paprika, in Ringe geschnitten
1 EL schwarzer Sesam

1. Die Quinoa nach Packungsangaben gar kochen und erkalten lassen.

2. Zwiebel, Knoblauch und Tomaten im Mixer mit der Pulse-Funktion fein zerkleinern, aber nicht pürieren. Alternativ die Zutaten mit einem Messer sehr fein hacken. Mit Quinoa und Ei in einer Schüssel vermengen. Nach Belieben salzen und pfeffern. Zu 4 handtellergroßen, etwa 2,5 cm dicken Pattys formen. Auf einen Teller legen und 30 Minuten im Kühlschrank fest werden lassen.

3. Inzwischen die Avocados rundum quer einschneiden und den Kern herauslösen. Vorsichtig die Schale entfernen. Von den unteren Hälften unten eine kleine Kappe abschneiden, damit sie einen besseren Stand haben.

4. Das Olivenöl in einer beschichteten Pfanne erhitzen und die Quinoa-Pattys darin etwa 2 Minuten von jeder Seite goldbraun und knusprig braten.

5. Die Pattys auf die unteren Avocadohälften setzen. Den Frischkäse darauf verstreichen und mit den Paprikaringen belegen. Mit dem Sesam bestreuen. Die oberen Avocadohälften daraufsetzen. Sofort servieren.

PRO PORTION: 563 KCAL | FETT: 34,9 G | KOHLENHYDRATE: 54,4 G | ZUCKER: 7,5 G | BALLASTSTOFFE: 14,5 G | EIWEISS: 14,5 G | SALZ: 0,2 G

# ULTIMATIVER VEGGIE-BURGER

**EIN FANTASTISCHER BURGER, VON DEM NICHT NUR VEGETARIER BEGEISTERT SEIN WERDEN: MIT VIEL GESCHMACK, BISS UND GESUNDEN ZUTATEN.**

VORBEREITUNG: 10 MINUTEN PLUS KÜHLZEIT | GAREN: 35 MINUTEN | FÜR 4 PORTIONEN

80 g Naturreis
Salz
400 g Flageoletbohnen aus der Dose, abgetropft
120 g ungesalzene Cashewkerne
3 Knoblauchzehen
1 rote Zwiebel, in Spalten geschnitten
120 g Mais aus der Dose, abgetropft
2 EL Tomatenmark
1 EL frisch gehackter Oregano
Pfeffer
2 EL Weizenvollkornmehl
2 EL Sonnenblumenöl
Salatblätter, in Streifen geschnitten
4 Roggenbrötchen, halbiert
2 große Tomaten, in Scheiben geschnitten
4 Scheiben Halloumi

1. Den Reis in leicht gesalzenem Wasser 20 Minuten kochen, bis er weich ist. Abgießen und in eine Küchenmaschine geben.

2. Bohnen, Cashewkerne, Knoblauch, Zwiebel, Mais, Tomatenmark, Oregano und nach Belieben Salz und Pfeffer zum Reis in die Küchenmaschine geben und ganz kurz zerkleinern. 4 gleich große Pattys aus der Mischung formen, im Mehl wenden, abdecken und 1 Stunde kalt stellen.

3. Eine Pfanne erhitzen und das Öl zufügen. Die Pattys bei mittlerer Hitze 5–6 Minuten von jeder Seite braten.

4. Salatblätter auf die unteren Hälften der Roggenbrötchen verteilen. Die Pattys darauflegen und mit je 1 Tomaten- und Halloumi-Scheibe belegen. 2 Minuten im Backofengrill überbacken, die oberen Brötchenhälften aufsetzen und sofort servieren.

PRO PORTION: 672 KCAL | FETT: 31,5 G | KOHLENHYDRATE: 74,4 G | ZUCKER: 12,2 G | BALLASTSTOFFE: 12,1 G | EIWEISS: 26,8 G | SALZ: 1,4 G

# VEGANER BBQ-BURGER MIT JACKFRUCHT

**AUF DEN ERSTEN BLICK IST DIESER BURGER KAUM VON EINEM MIT PULLED PORK ZU UNTERSCHEIDEN. MIT JACKFRUCHT UND SELBST GEMACHTER BARBECUESAUCE HAT ER VIEL GESCHMACK, ABER WENIG FETT.**

VORBEREITUNG: 15 MINUTEN | GAREN: 15–17 MINUTEN | FÜR 4 PORTIONEN

280 g Jackfrucht in Salzlake aus der Dose, abgetropft

4 vegane Vollkornbrötchen, halbiert

1 Romanasalat-Herz, in mundgerechte Stücke geschnitten

**BARBECUESAUCE**

1 EL Sonnenblumenöl

1 Zwiebel, fein gehackt

1 Apfel, entkernt und gewürfelt

2 EL brauner Zucker

2 EL Apfelessig

1 EL Tomatenmark

1 TL getrockneter Oregano

2 TL Dijon-Senf

¼ TL Chilipulver

¼ TL gemahlener Piment (nach Belieben)

**KRAUTSALAT**

175 g Rotkohl, fein gehobelt

80 g Karotten, geraspelt

Saft von ½ unbehandelten Zitrone

2 EL frisch gehackter Koriander oder Petersilie

1. Die Jackfrucht auf ein Schneidebrett geben und die holzigen Stellen herausschneiden. Mit 2 Gabeln in Streifen rupfen.

2. Für die Sauce das Öl in einem mittelgroßen Topf erhitzen. Zwiebel und Apfel darin bei niedriger Hitze und aufgesetztem Deckel 10 Minuten weich dünsten, dabei gelegentlich rühren. Zucker, Essig, Tomatenmark, Oregano, Senf, Chilipulver und, falls verwendet, Piment zufügen und 2–3 Minuten unter Rühren erhitzen.

3. Die Jackfrucht in die Sauce geben und 3–4 Minuten unter gelegentlichem Rühren garen, bis sie heiß ist.

4. Für den Krautsalat den Kohl mit Karotte und Zitronensaft in einer Schüssel sorgfältig vermengen. Koriander oder Petersilie kurz unterheben.

5. Die Brötchenhälften leicht toasten und auf Teller geben. Die unteren Hälften mit den Salatblättern belegen. Die Jackfrucht-Mischung bei Bedarf nochmals erhitzen und auf dem Salat verteilen. Einen Löffel Krautsalat daraufsetzen und mit den oberen Brötchenhälften bedecken. Sofort servieren.

PRO PORTION: 418 KCAL | FETT: 12,1 G | KOHLENHYDRATE: 67,1 G | ZUCKER: 31,7 G | BALLASTSTOFFE: 10,7 G | EIWEISS: 12,1 G | SALZ: 0,7 G

# FRÜHSTÜCKS-BURGER MIT WOLKENBROT

**DAS SELBST GEMACHTE WOLKENBROT IST EINE TOLLE LOW-CARB-OPTION. MIT EINER FÜLLUNG AUS GUACAMOLE UND KÄSE BIETET DIESER BURGER HERZHAFTEN GENUSS, UND DAS NICHT NUR ZUM FRÜHSTÜCK**

VORBEREITUNG: 15 MINUTEN | GAREN: 25 MINUTEN | FÜR 4 PORTIONEN

2 TL kalt gepresstes Traubenkernöl

1 große Tomate, in 4 dicke Scheiben geschnitten

100 g Büffelmozzarella, abgetropft und in 4 dicke Scheiben geschnitten

**WOLKENBROT-FLADEN**

Backtrennspray

2 Eier (Klasse L), getrennt

¾ TL Backpulver

75 g griechischer Naturjoghurt

1½ EL Frischkäse

¼ TL zerdrückter Knoblauch

¼ TL Salz

25 g Molkenproteinpulver

**GUACAMOLE**

1 große weiche Avocado, entkernt und geschält

½ mittelscharfe rote Chili, entkernt und fein gehackt

½ kleine rote Zwiebel, gehackt

Saft von ½ Limette

15 g frischer Koriander, gehackt

Salz und Pfeffer

1. Für die Wolkenbrot-Fladen den Backofen auf 150 °C vorheizen. Zwei Backbleche mit Backpapier auslegen und leicht mit Backtrennspray einfetten.

2. Eiweiß mit dem Backpulver in eine saubere Schüssel geben und mit einem elektrischen Handrührer steif schlagen.

3. Eigelb mit den restlichen Brötchenzutaten in einer zweiten Schüssel sorgfältig verrühren. Den Eischnee nach und nach unterheben. Nicht zu lange bearbeiten.

4. Mit einem großen Löffel 8 Teigkreise ungefähr mit dem Durchmesser eines Hamburger-Brötchens auf die vorbereiteten Bleche verstreichen. Im vorgeheizten Ofen auf mittlerer Schiene 20 Minuten backen, bis die Fladen aufgegangen und leicht gebräunt sind. Auf einem Kuchengitter erkalten lassen. Sie sinken wieder leicht ein.

5. Für die Guacamole die Avocado mit Chili, Zwiebel, Limettensaft und Koriander in eine Schale geben und mit einer Gabel zerdrücken. Nach Belieben salzen und pfeffern.

6. Die Guacamole auf die gebräunte Seite von 4 Fladen streichen. Tomaten- und Käsescheiben darauf verteilen. Unter dem heißen Backofengrill einige Minuten überbacken. Die restlichen Fladen daraufsetzen. Sofort servieren.

PRO PORTION: 323 KCAL | FETT: 24,3 G | KOHLENHYDRATE: 9,6 G | ZUCKER: 3,1 G | BALLASTSTOFFE: 4 G | EIWEISS: 18,9 G | SALZ: 1 G

# QUINOA-ROTE-BETE-BURGER

**DER ETWAS ANDERE BURGER, DER VIEL FARBE AUF IHREN TELLER BRINGT, ABER IN ECHTER BURGER-TRADITION MIT HERZHAFTEM GESCHMACK ÜBERZEUGT.**

VORBEREITUNG: 35 MINUTEN | GAREN: 1 STUNDE 10 MINUTEN | FÜR 8 PORTIONEN

3–4 kleine Rote Beten, geschält und gewürfelt (insgesamt etwa 225 g)

135 g Quinoa, abgespült

350 ml glutenfreie Gemüsebrühe

½ kleine Zwiebel, gerieben

fein abgeriebene Schale von ½ unbehandelten Zitrone

2 TL Kümmelsamen

½ TL Salz

¼ TL Pfeffer

1 großes Eiweiß, leicht aufgeschlagen

10 g Quinoamehl

1 EL Pflanzenöl

8 Scheiben Bauernbrot

150 g Babyleaf-Salat, zum Servieren

**WASABIBUTTER**

1½ TL Wasabipulver

70 g weiche Butter

1. Die gewürfelten Roten Beten etwa 15 Minuten gar dämpfen.

2. Inzwischen die Quinoa mit der Brühe in einen Topf geben und zum Kochen bringen. Die Hitze auf niedrigste Stufe reduzieren und bei aufgesetztem Deckel 10 Minuten köcheln lassen. Den Topf vom Herd nehmen und die Quinoa bei geschlossenem Deckel weitere 10 Minuten quellen lassen. Mit einer Gabel auflockern, auf einer Platte verteilen und ausdampfen lassen.

3. Für die Wasabibutter das Wasabipulver mit 1 Teelöffel warmem Wasser anrühren. Mit der Butter glatt rühren. Bis zum Servieren im Kühlschrank fest werden lassen.

4. Die Roten Beten glatt pürieren. In eine Schüssel füllen und mit Quinoa, Zwiebel, Zitronenschale, Kümmel, Salz, Pfeffer und Eiweiß sorgfältig vermengen.

5. Die Mischung in 8 gleich große Portionen teilen und zu etwa 1,5 cm dicken Pattys formen. Leicht mit dem Quinoamehl bestäuben.

6. Eine dünne Schicht Öl in einer beschichteten Pfanne erhitzen. Die Pattys darin bei mittlerer bis starker Hitze, gegebenenfalls portionsweise, von jeder Seite 2 Minuten braten. Vorsichtig wenden.

7. Die Pattys auf die Brotscheiben setzen und mit Wasabibutter und Salat servieren.

PRO PORTION: 281 KCAL | FETT: 11 G | KOHLENHYDRATE: 35 G | ZUCKER: 5 G | BALLASTSTOFFE: 4 G | EIWEISS: 9 G | SALT 1,3 G

# SPINAT-LINSEN-BURGER IM SÜSSKARTOFFEL-BRÖTCHEN

**EIN UNGEWÖHNLICHER, SCHMACKHAFTER BURGER, DER NICHT NUR VEGANER BEGEISTERN WIRD. SPIRALISIERTE SÜSSKARTOFFELN ERGEBEN EINEN PERFEKTEN LOW-CARB-ERSATZ FÜR BRÖTCHEN.**

VORBEREITUNG: 12 MINUTEN PLUS ZEIT ZUM KÜHLEN UND ZIEHEN | GAREN: 25 MINUTEN | FÜR 2 PORTIONEN

**BRÖTCHEN**

1 große Süßkartoffel (etwa 250 g)

1 EL Olivenöl, plus 2 TL zum Bestreichen

½ EL gemahlene Chiasamen

Salz und Pfeffer

**BURGER**

1 EL Olivenöl

½ kleine Zwiebel, fein gehackt

1 Knoblauchzehe, zerdrückt

50 g braune Champignons, fein gehackt

½ EL gemahlene Chiasamen

60 g junger Blattspinat

90 g gegarte braune Linsen

1 TL rote Chiliflocken

4 Salatblätter

Salz und Pfeffer

1. Für die Brötchen die Süßkartoffel schälen und durch einen Spiralschneider drehen. Zwei Drittel des Öls in einer Pfanne erhitzen. Die Süßkartoffelspiralen darin bei mittlerer Hitze 4–5 Minuten weich braten. Erkalten lassen. Inzwischen die Chiasamen in einer Schale mit 1½ Esslöffeln Wasser anrühren und 15 Minuten quellen lassen.

2. Die Süßkartoffeln in einer Schüssel mit den Chiasamen vermengen, bis sie damit überzogen sind. Nach Belieben salzen und pfeffern. Vier Ramequin-Förmchen (200 ml Inhalt) mit Öl einfetten und die Süßkartoffelspiralen 1,5–2 cm hoch hineindrücken. Mit Frischhaltefolie bedecken, mit einem wassergefüllten Glas beschweren und 30 Minuten stehen lassen.

3. Für die Burger die Hälfte des Öls in einer kleinen beschichteten Pfanne erhitzen. Zwiebel und Knoblauch darin bei mittlerer Hitze 3 Minuten unter häufigem Rühren weich dünsten. Die Pilze zugeben und 2 Minuten mitgaren.

4. Die Chiasamen in einer Schale mit 1½ Esslöffeln Wasser anrühren und 15 Minuten quellen lassen. Den Spinat in einem Topf Wasser 2 Minuten blanchieren. Abtropfen lassen und möglichst viel Wasser ausdrücken, dann klein hacken.

5. Die Linsen einige Sekunden im Mixer mit der Pulse-Funktion zerkleinern oder mit einem Kartoffelstampfer zerdrücken. In eine Schüssel geben und mit Pilzen, Spinat, Chiasamen und Chiliflocken vermengen. Nach Belieben salzen und pfeffern. Zu 2 Pattys formen.

6. Das restliche Öl in einer beschichteten Pfanne erhitzen. Die Pattys darin bei mittlerer Hitze etwa 3 Minuten von jeder Seite goldbraun braten.

7. Inzwischen das restliche Öl aus dem Brötchen-Rezept in einer zweiten Pfanne erhitzen. Die Süßkartoffelscheiben aus den Förmchen lösen und in der Pfanne bei mittlerer bis starker Hitze 3 Minuten von jeder Seite goldbraun braten.

8. Die Süßkartoffel-Brötchen mit den Spinat-Linsen-Pattys und Salatblättern zusammensetzen. Sofort servieren.

PRO PORTION: 384 KCAL | FETT: 20,6 G | KOHLENHYDRATE: 43,5 G | ZUCKER: 8 G | BALLASTSTOFFE: 11,8 G | EIWEISS: 9,3 G | SALZ: 0,2 G

# BOHNEN-BURGER

**ROTE KIDNEYBOHNEN UND KICHERERBSEN SORGEN FÜR HERZHAFTEN VEGETARISCHEN BURGER-GENUSS.**

VORBEREITUNG: 15 MINUTEN | GAREN: 10–12 MINUTEN | FÜR 4 PORTIONEN

400 g Kidneybohnen aus der Dose, abgetropft und abgespült

400 g Kichererbsen aus der Dose, abgetropft und abgespült

1 Eigelb

¼ TL geräuchertes Paprikapulver

50 g frische Semmelbrösel

3 Frühlingszwiebeln, fein gehackt

Salz und Pfeffer

2 EL Pflanzenöl

4 knusprige Brötchen, halbiert

4 Salatblätter

2 große Tomaten, in Scheiben geschnitten

4 EL Schmand oder saure Sahne

1. Den Holzkohlegrill für hohe Hitze vorbereiten.

2. Bohnen, Kichererbsen, Eigelb, Paprikapulver, Semmelbrösel und Frühlingszwiebeln in eine große Schüssel geben und vermischen. Nach Belieben mit Salz und Pfeffer würzen. Die Mischung in 4 gleich große Portionen teilen und zu je 1 Patty formen. Die Oberfläche mit Salz und Pfeffer würzen und leicht mit Öl bestreichen.

3. Den Grillrost mit Öl bestreichen. Die Pattys 5 Minuten von jeder Seite grillen, bis sie braun sind und das Fleisch gar ist. Die Schnittseiten der Brötchen mit Öl bestreichen und 1–2 Minuten über dem Grill rösten.

4. Salatblätter und Tomaten auf die untere Brötchenhälfte geben, mit den Pattys belegen und mit dem Schmand bestreichen. Die obere Brötchenhälfte aufsetzen und sofort servieren.

PRO PORTION: 496 KCAL | FETT: 12,9 G | KOHLENHYDRATE: 72 G | ZUCKER: 6,3 G | BALLASTSTOFFE: 12 G | EIWEISS: 18,6 G | SALZ: 0,9 G

# VEGANER SLOPPY JOE MIT GRÜNKOHL UND SCHWARZEN BOHNEN

**AUCH ALS VEGANER MUSS MAN NICHT AUF LECKEREN BURGER-GENUSS VERZICHTEN. DIESE REIN PFLANZLICHE VERSION DES KLASSISCHEN SLOPPY JOE IST GESUND UND EBENSO SÄTTIGEND WIE DAS ORIGINAL.**

VORBEREITUNG: 15 MINUTEN | GAREN: 40 MINUTEN | FÜR 4 PORTIONEN

2 Süßkartoffeln, in 8 Spalten geschnitten

4 EL Olivenöl

½ TL Salz

½ TL Pfeffer

2 Avocados, entkernt, geschält und in Scheiben geschnitten

4 vegane Hamburger-Brötchen, halbiert

**SLOPPY JOE**

2 EL Olivenöl

2 Knoblauchzehen, zerdrückt

¼ TL Chiliflocken

1 TL gemahlener Kreuzkümmel

1 TL gemahlener Koriander

1 TL Paprikapulver edelsüß

½ TL getrockneter Oregano

Salz und Pfeffer

40 g Grünkohl, Blattrippen entfernt, grob gehackt

1 EL brauner Zucker

150 g gehackte Tomaten aus der Dose

70 g schwarze Bohnen aus der Dose, abgetropft

1. Den Backofen auf 180 °C vorheizen.

2. Die Süßkartoffelspalten in einer Schüssel mit Öl, Salz und Pfeffer vermengen. In einer Lage in einer beschichteten Bratform verteilen und im vorgeheizten Ofen 25–30 Minuten braten, bis sie durchgegart und goldbraun sind.

3. Inzwischen für den Sloppy Joe das Öl in einem mittelgroßen Topf erhitzen. Knoblauch und Chiliflocken darin bei niedriger Hitze garen, bis der Knoblauch goldgelb ist. Die Gewürze zugeben und nach Belieben salzen und pfeffern. Kurz rühren, dann den Grünkohl mit Zucker und Tomaten zugeben und 5 Minuten zusammenfallen lassen. Die Bohnen untermischen und 1 Minute heiß werden lassen.

4. Die Brötchenhälften toasten. Die unteren Hälften mit je 2 Süßkartoffelspalten und Avocadoscheiben belegen. Die Grünkohlmischung darauf verteilen. Mit den oberen Brötchenhälften bedecken und sofort servieren.

PRO PORTION: 550 KCAL | FETT: 33,1 G | KOHLENHYDRATE: 54,4 G | ZUCKER: 11 G | BALLASTSTOFFE: 10,7 G | EIWEISS: 10,6 G | SALZ: 1,4 G

# SÜSSKARTOFFEL-BROKKOLI-BURGER

**DIESER SCHMACKHAFTE BURGER WARTET MIT SO VIELEN INTERESSANTEN TEXTUREN UND AROMEN AUF, DASS GAR KEIN BROT ERFORDERLICH IST.**

VORBEREITUNG: 20 MINUTEN PLUS KÜHLZEIT | GAREN: 40–50 MINUTEN | FÜR 4 PORTIONEN

3 Süßkartoffeln, geschält und in Stücke geschnitten

Salz

200 g Brokkoliröschen

2 Knoblauchzehen, zerdrückt

1 rote Zwiebel, fein gehackt oder gerieben

1–2 frische rote Jalapeño-Chilischoten, entkernt und fein gehackt

150 g Emmentaler, gerieben

Pfeffer

2 EL Weizenvollkornmehl

2 EL Sonnenblumenöl

4 Zwiebeln, in Ringe geschnitten

1 EL frisch gehackter Koriander, plus etwas mehr zum Garnieren

1. Die Süßkartoffeln in leicht gesalzenem Wasser 15–20 Minuten kochen, bis sie weich sind. Abgießen und zerstampfen. Den Brokkoli in Stücke schneiden und 3 Minuten kochen. Abgießen, abschrecken und zu den Kartoffeln geben.

2. Knoblauch, Zwiebel, Chilis, Käse und nach Belieben Salz und Pfeffer zufügen und gut vermischen. Die Mischung zu 4 gleich großen Pattys formen. Im Mehl wenden, abdecken und mindestens 1 Stunde kalt stellen.

3. 1½ Esslöffel Öl in einer schweren Pfanne erhitzen. Die Zwiebeln zufügen und bei mittlerer Hitze 12–15 Minuten dünsten, bis sie weich sind. Den Koriander unterrühren und beiseitestellen.

4. Den Holzkohlegrill für mittlere Hitze vorbereiten. Wenn die Kohlen gut durchgeglüht sind, die Pattys mit dem restlichen Öl bestreichen. 5–6 Minuten von jeder Seite grillen.

5. Die Süßkartoffel-Brokkoli-Burger mit gedünsteten Zwiebeln und frisch gehacktem Koriander garnieren und sofort servieren.

PRO PORTION: 396 KCAL | FETT: 18,7 G | KOHLENHYDRATE: 44,1 G | ZUCKER: 12,9 G | BALLASTSTOFFE: 7,6 G | EIWEISS: 15,6 G | SALZ: 1,3 G

# TOFU-BURGER MIT KORIANDER-AIOLI

**TOFU IST EINE AUSGEZEICHNETE PROTEINQUELLE UND IDEAL FÜR VEGETARIER UND VEGANER, ABER AUCH EINE SCHMACKHAFTE ABWECHSLUNG FÜR FLEISCHESSER.**

VORBEREITUNG: 15 MINUTEN PLUS ZEIT ZUM MARINIEREN | GAREN: 6 MINUTEN | FÜR 3 PORTIONEN

- 280 g fester Tofu
- 2 EL Sojasauce
- ½ EL vegane Worcestersauce
- 1 Knoblauchzehe, fein gehackt
- ¼ EL Paprikapulver
- 8 kleine frische Korianderstängel, fein gehackt
- 50 ml vegane Mayonnaise
- 3 Hamburger-Brötchen, halbiert
- ½ kleine rote Zwiebel, in feine Ringe geschnitten
- 3 Salatblätter

1. Den Backofengrill auf höchster Stufe vorheizen und einen Grillrost 15 cm unter den Heizstäben einschieben. Mit Alufolie abdecken.

2. Den Tofu abtropfen lassen und trocken tupfen. In 1 cm dicke Scheiben schneiden, sodass sie in die Brötchen passen.

3. Sojasauce, Worcestersauce, die Hälfte des Knoblauchs und das Paprikapulver in einer flachen Schüssel vermischen und die Tofuscheiben nebeneinander dazugeben. Den Tofu darin wenden und mindestens 15 Minuten, höchstens aber 3 Stunden, im Kühlschrank marinieren.

4. Koriander und restlichen Knoblauch in der Küchenmaschine vermengen, die Mayonnaise zugeben und weitermixen.

5. Den Tofu auf den vorbereiteten Grillrost legen und 3 Minuten von jeder Seite grillen, bis er braun ist.

6. Die Koriander-Aioli auf beide Brötchenhälften streichen und je eine Tofuscheibe auf die untere Hälfte legen. Zwiebeln und Salat zugeben, die obere Hälfte auflegen, halbieren und sofort servieren.

PRO PORTION: 321 KCAL | FETT: 14,8 G | KOHLENHYDRATE: 33,4 G | ZUCKER: 4,9 G | BALLASTSTOFFE: 3,2 G | EIWEISS: 15,2 G | SALZ: 2,2 G

# CHAMPIGNON-BURGER MIT MOZZARELLA

**BEI DIESEM FLEISCHLOSEN BURGER ENTFALTEN MARINIERTE PILZE, MOZZARELLA UND PESTO IN KNUSPRIGER FOCACCIA EIN HERRLICHES AROMA.**

VORBEREITUNG: 10 MINUTEN | GAREN: 15 MINUTEN | FÜR 4 PORTIONEN

- 4 EL Olivenöl
- 2 EL Rotweinessig
- 1 Knoblauchzehe, fein gehackt
- 4 große Champignons, Stiele entfernt
- Salz und Pfeffer
- 8 Scheiben Mozzarella
- 4 quadratische Focaccia-Stücke (etwa 15 cm Seitenlänge), halbiert
- 2 EL Basilikum-Pesto
- 2 große Tomaten, in Scheiben geschnitten
- kleine Rucola-Blätter (nach Belieben)

1. Den Backofengrill auf 160 °C vorheizen. Öl, Essig und Knoblauch in einer mittelgroßen Schüssel vermengen. Die Pilze mit den Lamellen nach oben auf ein Backblech legen und mit der Ölmischung beträufeln. Nach Belieben mit Salz und Pfeffer bestreuen.

2. Unter den vorgeheizten Grill legen und 5–8 Minuten grillen, bis die Pilze weich sind. Die Käsescheiben auflegen und 1–2 Minuten weitergrillen, bis der Käse Blasen wirft. Inzwischen die Focaccia auf einem Rost unten in den Backofen schieben und 5 Minuten erwärmen.

3. Die unteren Focaccia-Hälften mit dem Pesto bestreichen und die Pilze darauflegen. Mit Tomatenscheiben und nach Belieben mit Rucola garnieren, die oberen Focaccia-Hälften aufsetzen und sofort servieren.

PRO PORTION: 501 KCAL | FETT: 27,7 G | KOHLENHYDRATE: 41 G | ZUCKER: 4,7 G | BALLASTSTOFFE: 3,6 G | EIWEISS: 22,6 G | SALZ: 2,4 G

# BENTO-BURGER

**FÜR DIESEN VEGANEN BURGER WIRD GEGARTER REIS ZU „BRÖTCHENHÄLFTEN" GEFORMT UND KNUSPRIG ANGEBRATEN – MIT WÜRZIGEM SPINAT EINE TOLLE JAPANISCH INSPIRIERTE KOMBINATION.**

VORBEREITUNG: 15 MINUTEN PLUS RUHEZEIT | GAREN: 15 MINUTEN | FÜR 5 PORTIONEN

8 Shiitake-Pilze, Stiele entfernt
450 g Spinatblätter
2 EL Sojasauce
2 EL Mirin
2 EL geröstete Sesamsaat
1 EL Salz
425 g gegarter Rundkornreis, warm gehalten
2 EL Sesamöl

1. Den Backofengrill auf höchster Stufe vorheizen. Die Pilze in eine ofenfeste Form geben und von jeder Seite 3 Minuten unter dem Grill garen, bis sie braun und weich sind. In dünne Scheiben schneiden und in eine mittelgroße Schüssel geben.

2. Wasser in einem großen Topf zum Kochen bringen. Den Spinat darin 1 Minute blanchieren. Abgießen, unter fließend kaltem Wasser abspülen und dann möglichst viel von der Flüssigkeit ausdrücken. Den Spinat zu den Pilzen geben, dann Sojasauce, Mirin und Sesam zugeben und vermengen.

3. Das Salz in 225 ml lauwarmem Wasser auflösen. Den Reis in eine große, flache Schüssel geben und in 10 gleich große Portionen aufteilen. Die Hände mit dem Wasser befeuchten und jede Reisportion zu 1 Brötchen formen. Vor jedem Brötchenformen die Hände neu befeuchten. Dann 20 Minuten ruhen lassen.

4. Eine beschichtete Pfanne, vorzugsweise Grillpfanne, auf mittlerer Stufe erhitzen und den Boden leicht einölen. Die Reisbrötchen hineingeben und von jeder Seite 4 Minuten braten, bis sie braun sind. Dabei vorsichtig wenden.

5. Die Spinatmischung auf eine Brötchenhälfte geben und mit der oberen Hälfte bedecken. Die Burger in Frischhaltefolie wickeln, damit sie nicht auseinanderfallen. Innerhalb von 2 Stunden servieren.

PRO PORTION: 375 KCAL | FETT: 3,4 G | KOHLENHYDRATE: 74,8 G | ZUCKER: 2,9 G | BALLASTSTOFFE: 3,6 G | EIWEISS: 9,4 G | SALZ: 2,3 G

# VEGGIE-BURGER AUF RÖSTGEMÜSE

**DIESER VEGGIE-BURGER IST SÄTTIGEND UND NÄHRSTOFFREICH. SIE KÖNNEN IHN AUCH IM BRÖTCHEN SERVIEREN, ABER AUF EINEM BUNTEN BETT AUS GEMÜSE SCHMECKT ER NOCH BESSER.**

VORBEREITUNG: 25 MINUTEN PLUS KÜHLZEIT | GAREN: 35–40 MINUTEN | FÜR 4 PORTIONEN

2 rote Paprika, gehackt
2 gelbe Paprika, gehackt
2 rote Zwiebeln, in Spalten geschnitten
2 Zucchini, in Scheiben geschnitten
3 EL Olivenöl
400 g Kichererbsen aus der Dose, abgetropft
200 g Erbsen, Tiefkühlware aufgetaut
200 g Zuckermais, Tiefkühlware aufgetaut
1 Handvoll frisch gehackter Koriander (mit Stängeln)
¼ TL gemahlener Kreuzkümmel
80 g Mehl
1 EL Sonnenblumenkerne
1 EL Sesamsaat
Salz und Pfeffer

**DRESSING**

1 Avocado, entkernt, geschält und gehackt
200 g Naturjoghurt
2 Frühlingszwiebeln, gehackt
1 Knoblauchzehe, zerdrückt
1 EL Limettensaft
Salz und Pfeffer

1. Den Backofen auf 200 °C vorheizen.

2. Alle Paprika, Zwiebeln und Zucchini in einen Bräter geben und mit 1 Esslöffel Olivenöl beträufeln. 35–40 Minuten im Ofen rösten, bis sie an den Rändern schwarz werden.

3. Inzwischen Kichererbsen, Erbsen, Mais, die Hälfte des Korianders, Kreuzkümmel und 70 g Mehl in der Küchenmaschine zu einer festen Masse verarbeiten. Sonnenblumenkerne und Sesamsaat zugeben, nach Belieben salzen und pfeffern und alles noch einmal kurz zerkleinern.

4. Mit nassen Händen die Masse in 4 Portionen teilen und jede zu einem Patty formen. Die Pattys mit dem restlichen Mehl bestäuben und 20 Minuten kühl stellen.

5. Für das Dressing Avocado, Joghurt, Frühlingszwiebeln, Knoblauch und Limettensaft im Standmixer zu einer glatten Mischung zerkleinern. Nach Belieben salzen und pfeffern.

6. Das restliche Öl in einer Pfanne erhitzen und die Pattys darin 5–6 Minuten von jeder Seite braten.

7. Das Röstgemüse auf 4 Servierschalen verteilen, auf jeder Portion einen Patty anrichten und mit Dressing beträufelt servieren.

PRO PORTION: 534 KCAL | FETT: 24 G | KOHLENHYDRATE: 66 G | ZUCKER: 18,6 G | BALLASTSTOFFE: 15,8 G | EIWEISS: 16,9 G | SALZ: 0,1 G

# ROTE-BETE-BURGER

**BEI DIESEM KNUSPRIGEN VOLLWERT-BURGER KONTRASTIERT DIE WÜRZIGE JOGHURTSAUCE HERRLICH MIT DEM SÜSSLICHEN, ERDIGEN GEMÜSE.**

VORBEREITUNG: 30 MINUTEN PLUS ZEIT ZUM STEHEN UND KÜHLEN | GAREN: 35–40 MINUTEN | FÜR 5 PORTIONEN

100 g Hirse
Salz
150 g rohe Rote Bete, gerieben
30 g Karotten, gerieben
175 g Zucchini, gerieben
60 g Walnusskerne, fein gehackt
2 EL Apfelessig
2 EL Olivenöl, plus etwas mehr zum Braten
¼ TL Pfeffer
1 Ei
2 EL Speisestärke
5 Vollkornbrötchen, halbiert
5 Salatblätter

**JOGHURTSAUCE**

250 g Naturjoghurt
2 TL fein gehackter Knoblauch
Salz und Pfeffer

1. Die Hirse abspülen, abtropfen und mit 175 ml leicht gesalzenem Wasser in einen kleinen Topf geben. Auf mittlerer Stufe zum Kochen bringen, abdecken und bei kleiner Hitze 20–25 Minuten köcheln. Vom Herd nehmen und 5 Minuten abgedeckt ruhen lassen.

2. Rote Bete, Karotten, Zucchini und Walnüsse in einer großen Schüssel vermischen. Hirse, Essig, Öl, ½ Teelöffel Salz und Pfeffer zugeben und gut verrühren. Ei und Speisestärke zugeben, verrühren und für 2 Stunden in den Kühlschrank stellen.

3. Für die Joghurtsauce den Joghurt in ein mit einem Musselintuch ausgeschlagenes Sieb geben und 30 Minuten abtropfen lassen. Den Knoblauch einrühren und mit Salz und Pfeffer würzen.

4. Die Rote-Bete-Mischung portionsweise in eine Tasse mit 125 ml Inhalt geben und zu einem Patty formen. Auf diese Art 5 Pattys herstellen. Eine große Pfanne auf mittlerer Stufe erhitzen und mit Öl bestreichen. Die Pattys hineingeben und auf jeder Seite 5 Minuten braten, vorsichtig wenden und weiterbraten, bis sie braun sind.

5. Die Brötchenhälften mit der Joghurtsauce bestreichen, die Pattys auf die untere Hälfte geben und mit Salat belegen. Mit der oberen Hälfte abdecken und sofort servieren.

PRO PORTION: 471 KCAL | FETT: 20,5 G | KOHLENHYDRATE: 59,3 G | ZUCKER: 8,8 G | BALLASTSTOFFE: 6,2 G | EIWEISS: 15 G | SALZ: 0,9 G

# KÜRBIS-POLENTA-BURGER

**CREMIGE POLENTA UND KÜRBIS ERGEBEN EINE IDEALE GRUNDLAGE FÜR VEGANE BURGER.**

VORBEREITUNG: 20 MINUTEN PLUS KÜHLZEIT | GAREN: 40 MINUTEN | FÜR 4 PORTIONEN

500 g Butternusskürbis, geschält und entkernt

80 g Polenta

120 g Knollensellerie, geschält und gerieben

6 Frühlingszwiebeln, fein gehackt

120 g Pekannüsse, gehackt

2 EL frisch gehackte gemischte Kräuter

Salz und Pfeffer

2 EL Weizenvollkornmehl

1 EL Sonnenblumenöl

4 vegane Hamburger-Brötchen, halbiert und getoastet

2 große Tomaten, in Scheiben geschnitten

Brunnenkresse (nach Belieben)

1. Einen großen Topf Wasser zum Kochen bringen. Den Kürbis darin 15–20 Minuten weich kochen. Das Wasser abgießen und das Kürbisfleisch fein hacken oder zerstampfen. In einem zweiten Topf 150 ml Wasser zum Kochen bringen. Die Polenta unter Rühren einrieseln lassen und bei niedriger Hitze weitere 5 Minuten rühren, bis ein dicker Brei entstanden ist.

2. Den Topf vom Herd nehmen. Kürbis, Sellerie, Frühlingszwiebeln, Nüsse und Kräuter unterziehen. Nach Belieben salzen und pfeffern. Die Masse zu 4 gleich großen Pattys formen. Im Mehl wenden und abgedeckt 1 Stunde im Kühlschrank ziehen lassen. Inzwischen den Holzkohlegrill für mittlere bis starke Hitze vorbereiten.

3. Den Grillrost einfetten. Die Pattys dünn mit Öl bestreichen und 5–6 Minuten von jeder Seite grillen, bis sie durchgegart sind. Mit den Brötchen und Tomatenscheiben zu Burgern zusammensetzen. Nach Belieben mit Brunnenkresse garnieren.

PRO PORTION: 558 KCAL | FETT: 28,1 G | KOHLENHYDRATE: 69,4 G | ZUCKER: 8,4 G | BALLASTSTOFFE: 9,6 G | EIWEISS: 12,5 G | SALZ: 0,6 G

# ERBSEN-BOHNEN-BURGER MIT GEMÜSE

**EINE MISCHUNG AUS PFEFFRIGEM BLATTGEMÜSE SORGT BEI DIESEM LEICHTEN, ABER AROMATISCHEN BURGER FÜR FARBE UND GESUNDE NÄHRSTOFFE.**

VORBEREITUNG: 30 MINUTEN PLUS RUHEZEIT | GAREN: 10 MINUTEN | FÜR 8 PORTIONEN

120 g pfeffrige Salatblätter wie Rucola, Blattsenf, Pak Choi (nur grüner Teil) oder eine Mischung daraus, dicke Stiele entfernt

60 g gegarte Erbsen, zerdrückt

400 g weiße Bohnen aus der Dose, abgespült, abgetropft und zerdrückt

1 EL geriebene Zwiebel

1½ EL frisch gehackte Minze

1 Ei, verquirlt

Salz und Pfeffer

40 g Semmelbrösel

3 EL Pflanzenöl

4 Vollkorn-Pitabrote, halbiert

16 Cocktailtomaten, halbiert

8 EL Mayonnaise

1. Die Salatblätter grob hacken und 3 Minuten dämpfen. Unter fließendem kalten Wasser abschrecken, abtropfen lassen und sorgfältig ausdrücken.

2. Die Salatblätter mit Erbsen, Bohnen, Zwiebeln, Minze und Ei mit einer Gabel sorgfältig vermengen. Nach Belieben salzen und pfeffern. Die Semmelbrösel einarbeiten. Bei Raumtemperatur 30 Minuten ruhen lassen.

3. Die Masse zu 8 Pattys formen (etwa 6 cm groß und 1 cm dick).

4. Das Öl in einer beschichteten Pfanne erhitzen. Die Pattys darin portionsweise bei mittlerer bis starker Hitze 2½–3 Minuten von jeder Seite goldbraun und knusprig braten. Inzwischen den Backofengrill vorheizen.

5. Die Pitabrote unter dem Grill toasten und jeweils mit einem Patty, Tomaten und einem Klacks Mayonnaise füllen. Sofort servieren.

PRO PORTION: 294 KCAL | FETT: 17 G | KOHLENHYDRATE: 28,4 G | ZUCKER: 3 G | BALLASTSTOFFE: 5 G | EIWEISS: 7,6 G | SALZ: 0,7 G

# PILZ-KORIANDER-BURGER

**DIESER VEGANE BURGER AUS BOHNEN UND PILZEN WIRD MIT FRISCHEM KORIANDER VERFEINERT UND ERHÄLT DURCH DAS PAPRIKAPULVER EINE FEINE RAUCHNOTE.**

VORBEREITUNG: 15 MINUTEN | GAREN: 10–15 MINUTEN | FÜR 6 PORTIONEN

425 g rote Kidneybohnen aus der Dose, abgespült und abgetropft

2 EL Sonnenblumenöl, zum Braten

1 Zwiebel, fein gehackt

120 g Pilze, fein gehackt

1 große Karotte, geraspelt

2 TL geräuchertes Paprikapulver

70 g Haferflocken (Kleinblatt)

3 EL dunkle Sojasauce

2 EL Tomatenmark

30 g frischer Koriander, gehackt

Salz und Pfeffer

3 EL Weizenmehl

3 EL Sonnenblumenöl, zum Bestreichen

6 vegane Hamburger-Brötchen, halbiert

6 Salatblätter

1 Avocado, entkernt, geschält und in Scheiben geschnitten (nach Belieben)

Tomaten-Salsa (nach Belieben)

1. Die Bohnen in eine große Schüssel geben und mit einem Kartoffelstampfer zerdrücken. Das Öl in einer Pfanne erhitzen. Die Zwiebeln darin 2 Minuten glasig dünsten. Pilze, Karotte und Paprikapulver zugeben und 4 Minuten weich garen.

2. Das Gemüse zusammen mit Haferflocken, Sojasauce, Tomatenmark und Koriander zu den Bohnen geben. Nach Belieben salzen und pfeffern. Die Zutaten sorgfältig vermengen. In 6 gleich große Portionen teilen und zu Pattys formen. Im Mehl wenden.

3. Eine Grillpfanne stark erhitzen. Die Pattys von einer Seite dünn mit Öl bestreichen. Mit der geölten Seite nach unten in die Pfanne geben und bei mittlerer Hitze 2–3 Minuten braten. Die Oberseite mit Öl bestreichen, wenden und weitere 2–3 Minuten braten.

4. Die unteren Brötchenhälften mit den Salatblättern belegen. Je einen Patty daraufsetzen. Nach Belieben mit Avocadoscheiben und Tomaten-Salsa garnieren. Mit den oberen Brötchenhälften bedecken. Sofort servieren.

PRO PORTION: 390 KCAL | FETT: 15,9 G | KOHLENHYDRATE: 49,7 G | ZUCKER: 6 G | BALLASTSTOFFE: 7,3 G | EIWEISS: 12,1 G | SALZ: 1,7 G

# LINSEN-BURGER

**DIE GANZE FAMILIE – OB FLEISCHESSER ODER NICHT – WIRD DIESEN SCHMACKHAFTEN BURGER AUS LINSEN UND SPINAT LIEBEN.**

VORBEREITUNG: 20 MINUTEN | GAREN: 25 MINUTEN | FÜR 4 PORTIONEN

- 100 g mehlig kochende Kartoffeln, in 2 cm große Würfel geschnitten
- 100 g junger Blattspinat
- 250 g gegarte Puy-Linsen
- 1 Zwiebel, grob gehackt
- 10 g braune Champignons, grob gehackt
- 1 TL Salz
- 1 TL Pfeffer
- 1 EL frisch gehackte Petersilie
- 2 TL frische Thymianblätter
- 1 Ei (Klasse S), verquirlt
- 1½ EL kalt gepresstes Traubenkernöl
- 4 Vollkorn-Hamburger-Brötchen, halbiert
- 40 g fettreduzierte Mayonnaise
- 2 große Tomaten, in Scheiben geschnitten
- 240 g gemischter Pflücksalat

1. Einen kleinen Topf Wasser zum Kochen bringen. Die Kartoffeln darin 10 Minuten weich kochen. Gut abtropfen lassen. Dann wieder in den Topf geben, auf den ausgeschalteten Herd stellen und ausdampfen lassen. Dabei gelegentlich am Topf rütteln.

2. Inzwischen den Spinat in eine mikrowellengeeignete Schüssel geben und bei hoher Wattzahl 1½ Minuten zusammenfallen lassen. In ein Sieb geben und so gut wie möglich ausdrücken. Auf mehreren Lagen Küchenpapier ausbreiten und trocknen lassen.

3. Die Kartoffeln mit Linsen, Zwiebel, Pilzen und nach Belieben Salz und Pfeffer im Mixer 1 Minute zu einer halb glatten Masse verarbeiten. Spinat, Petersilie und Thymian von Hand unterziehen. Das Ei einarbeiten. Die Masse zu 4 Pattys, etwa 1 cm dick, formen.

4. Das Öl in einer großen beschichteten Pfanne erhitzen. Die Pattys darin gegebenenfalls portionsweise bei mittlerer Hitze 3 Minuten von jeder Seite braten. In der letzten Minute eventuell die Hitze auf niedrige Stufe reduzieren, damit die Pattys nicht zu dunkel werden.

5. Die Brötchenhälften mit Mayonnaise bestreichen und mit Pattys und Tomatenscheiben zu Burgern zusammensetzen. Die Salatblätter separat dazureichen.

PRO PORTION: 363 KCAL | FETT: 12,6 G | KOHLENHYDRATE: 47,5 G | ZUCKER: 4,4 G | BALLASTSTOFFE: 11,2 G | EIWEISS: 18 G | SALZ: 2,2 G

# KICHERERBSEN-WALNUSS-BURGER

**DIE HERZHAFTEN PATTYS ERINNERN GESCHMACKLICH AN FALAFEL, GLÄNZEN ABER ZUSÄTZLICH DURCH DAS FEINE AROMA VON WALNÜSSEN.**

VORBEREITUNG: 20 MINUTEN PLUS KÜHLZEIT | GAREN: 10 MINUTEN | FÜR 4 PORTIONEN

2 Knoblauchzehen
1 Schalotte
425 g Kichererbsen aus der Dose, abgespült und abgetropft
15 g frische glatte Petersilie
1 TL gemahlener Koriander
1 TL gemahlener Kreuzkümmel
½ TL Salz
⅛ TL Cayennepfeffer
2 EL Olivenöl
2 EL Mehl
½ TL Backpulver
60 g Walnusskerne, geröstet und grob gehackt
2 EL Sonnenblumenöl
4 vegane Sesam Hamburger Brötchen, halbiert
4 Salatblätter
2 große Tomaten, in Scheiben geschnitten
4 TL vegane Mayonnaise (nach Belieben)

1. Knoblauch und Schalotte im Standmixer grob hacken. Kichererbsen, Petersilie, Koriander, Kreuzkümmel, Salz, Cayennepfeffer, Olivenöl, Mehl und Backpulver zugeben und mit der Pulse-Funktion zu einer groben Paste verarbeiten. Die Walnüsse zugeben und ganz kurz einarbeiten.

2. Die Kichererbsenmischung zu 4 gleich großen Pattys formen, etwa 10 cm im Durchmesser. Mindestens 30 Minuten oder über Nacht im Kühlschrank durchziehen lassen.

3. Das Sonnenblumenöl in einer großen Pfanne auf mittlerer Stufe erhitzen und die Pattys darin 4–5 Minuten von jeder Seite goldbraun braten.

4. Die Salatblätter und Tomatenscheiben auf den unteren Brötchenhälften verteilen und die Pattys darauflegen. Nach Belieben mit Mayonnaise bestreichen und heiß servieren.

PRO PORTION: 320 KCAL | FETT: 24,7 G | KOHLENHYDRATE: 18,1 G | ZUCKER: 3,5 G | BALLASTSTOFFE: 5,2 G | EIWEISS: 7 G | SALZ: 0,9 G

# BOHNEN-SPINAT-BURGER AUF PILZEN

**DIESER VEGANE BURGER AUS BOHNEN MIT REIS UND GEMÜSE IST GESUND UND LECKER. STATT IM BRÖTCHEN WIRD ER AUF GEBRATENEN PILZEN SERVIERT.**

VORBEREITUNG: 20 MINUTEN PLUS KÜHLZEIT | GAREN: 50 MINUTEN | FÜR 4 PORTIONEN

25 g Naturreis
4 EL Olivenöl
3 Knoblauchzehen, zerdrückt
300 g Champignons, gehackt
175 g junger Blattspinat
300 g Borlottibohnen aus der Dose, abgespült und abgetropft
1 mittelgroße orange Paprika, gehäutet und fein gehackt
50 g Mandelblättchen
2 EL frisch gehacktes Basilikum
50 g Vollkornsemmelbrösel
Salz und Pfeffer
2 EL Weizenvollkornmehl
2 große Tomaten, in Scheiben geschnitten
4 Riesenchampignons, Stiele herausgeschnitten

1. Den Reis in einem Topf Wasser 20–25 Minuten gar kochen. Abtropfen lassen, dann in den Mixer geben.

2. Einen Esslöffel Öl in einer Pfanne erhitzen. Knoblauch und Champignons darin 5 Minuten dünsten. Zum Reis geben.

3. 25 g Spinat beiseitelegen. Den Rest zusammen mit Bohnen, Paprika, Mandeln, Basilikum und Semmelbröseln zum Reis in den Mixer geben. Nach Belieben salzen und pfeffern. Die Zutaten mit der Pulse-Funktion grob mixen. Zu 4 gleich großen Pattys formen. Im Mehl wenden, dann abgedeckt 1 Stunde im Kühlschrank ziehen lassen.

4. Den Backofengrill vorheizen. 2 Esslöffel Öl in einer beschichteten Pfanne erhitzen. Die Pattys darin 5–6 Minuten von jeder Seite braten, bis sie goldbraun und durchgegart sind. Inzwischen Tomatenscheiben und Riesenpilze mit dem restlichen Öl bestreichen und unter dem heißen Grill 6–8 Minuten weich garen. Dabei einmal wenden.

5. Die zurückgelegten Spinatblätter auf Servierteller geben und die Pilzkappen darauflegen. Je einen Patty und die Tomatenscheiben daraufsetzen. Sofort servieren.

PRO PORTION: 378 KCAL | FETT: 22,3 G | KOHLENHYDRATE: 32,7 G | ZUCKER: 7,3 G | BALLASTSTOFFE: 10 G | EIWEISS: 14,5 G | SALZ: 0,2 G

# APFEL-GORGONZOLA-BURGER

**BEI DIESEM CHARAKTERVOLLEN BURGER HARMONIERT DER WÜRZIGE GESCHMACK DES GORGONZOLAS WUNDERVOLL MIT DER FEINHERBEN SÜSSE DER ÄPFEL.**

VORBEREITUNG: 12 MINUTEN PLUS KÜHLZEIT | GAREN: 25–35 MINUTEN | FÜR 4 PORTIONEN

- 4–6 neue Kartoffeln
- 200 g gemischte Nüsse, z. B. Pekannüsse, Mandeln oder Haselnüsse
- 1 Zwiebel, grob gehackt
- 2 kleine Äpfel, z. B. Granny Smith, geschält, entkernt und gerieben
- 150 g Gorgonzola, zerkrümelt
- 50 g frische Vollkornsemmelbrösel
- Salz und Pfeffer
- 2 EL Weizenvollkornmehl
- 2 EL Sonnenblumenöl
- Salatblätter (nach Belieben)
- 4 Käsebrötchen, halbiert
- ½ rote Zwiebel, in feine Ringe geschnitten

1. Die Kartoffeln schälen und 15–20 Minuten kochen, bis sie weich sind. Dann mit einem Kartoffelstampfer zerdrücken. In eine große Schüssel geben.

2. Nüsse und Zwiebel in eine Küchenmaschine geben und zerkleinern. Nussmasse, Äpfel, Käse und Semmelbrösel zu den Kartoffeln geben. Alles gut vermischen und nach Belieben mit Salz und Pfeffer würzen. 4 gleich große Pattys aus dieser Masse formen, im Mehl wenden, abdecken und 1 Stunde kalt stellen.

3. Den Holzkohlegrill für mittlere Hitze vorbereiten. Wenn die Kohlen gut durchgeglüht sind, die Pattys mit dem Öl bepinseln und auf den Rost legen. 5–6 Minuten von jeder Seite grillen.

4. Die Salatblätter auf die unteren Brötchenhälften verteilen. Die Pattys darauflegen, mit Zwiebelringen belegen und die oberen Brötchenhälften aufsetzen. Sofort servieren.

PRO PORTION: 948 KCAL | FETT: 69,1 G | KOHLENHYDRATE: 61,5 G | ZUCKER: 12,3 G | BALLASTSTOFFE: 9,9 G | EIWEISS: 27,9 G | SALZ: 1,7 G

# FALAFEL-BURGER

**VEGANE FALAFEL SCHMECKEN DAS GANZE JAHR ÜBER, UND ALS BURGER SIND SIE EIN UNKOMPLIZIERTES, GESUNDES GERICHT MIT BISS.**

VORBEREITUNG: 15 MINUTEN | GAREN: 4 MINUTEN | FÜR 4 PORTIONEN

- 800 g Kichererbsen aus der Dose, abgespült und abgetropft
- 1 kleine Zwiebel, gehackt
- Saft und fein abgeriebene Schale von 1 unbehandelten Limette
- 2 TL gemahlener Koriander
- 2 TL gemahlener Kreuzkümmel
- 6 EL Weizenmehl
- 4 EL Olivenöl
- 30 g Brunnenkresse
- vegane Tomaten-Salsa (Fertigprodukt, nach Belieben)

1. Die Kichererbsen mit Zwiebel, Limettensaft und -schale sowie den Gewürzen im Mixer zu einer groben Masse verarbeiten.

2. Auf eine Arbeitsfläche geben und zu 4 gleich großen Pattys formen.

3. Das Mehl auf einem großen Teller verteilen und die Pattys darin wenden.

4. Das Öl in einer großen Pfanne erhitzen. Die Pattys darin 2 Minuten von jeder Seite goldbraun und knusprig braten.

5. Sofort mit Brunnenkresse und nach Belieben auch mit Tomaten-Salsa servieren.

PRO PORTION: 334 KCAL | FETT: 16,3 G | KOHLENHYDRATE: 34,6 G | ZUCKER: 6,9 G | BALLASTSTOFFE: 8,8 G | EIWEISS: 9,7 G

# BOHNEN-CHILI-BURGER

**SIE KÖNNEN DIESEN FLEISCHLOSEN BURGER SO SCHARF WÜRZEN, WIE SIE WOLLEN – GEBEN SIE EINFACH MEHR ODER WENIGER JALAPEÑOS IN DIE BOHNEN-BULGUR-MASSE.**

VORBEREITUNG: 25 MINUTEN PLUS KÜHLZEIT | GAREN: 20 MINUTEN | FÜR 4 PORTIONEN

- 80 g Weizenbulgur
- 300 g rote Kidneybohnen aus der Dose, abgespült und abgetropft
- 300 g weiße Bohnen aus der Dose, abgespült und abgetropft
- 1 frische Jalapeño-Chilischote, entkernt und grob gehackt
- 2 Knoblauchzehen, grob gehackt
- 6 Frühlingszwiebeln, grob gehackt
- 1 gelbe Paprika, gehackt
- 1 EL frisch gehackter Koriander
- 120 g Edamer, gerieben
- Salz und Pfeffer
- 2 EL Weizenvollkornmehl
- 2 EL Sonnenblumenöl
- 1 große Tomate, in Scheiben geschnitten
- 4 Vollkorn-Hamburger-Brötchen

1. Den Bulgur in ein Sieb geben und unter fließendem kaltem Wasser abspülen. In einen Topf geben, mit Wasser bedecken und 12 Minuten weich garen. Abtropfen lassen.

2. Die Bohnen mit Chili, Knoblauch, Frühlingszwiebeln, Paprika, Koriander und der Hälfte des Käses in den Mixer geben und mit der Pulse-Funktion zu einer groben Masse verarbeiten. Den Bulgur untermischen. Nach Belieben salzen und pfeffern. Zu 4 gleich großen Pattys formen und abgedeckt 1 Stunde im Kühlschrank ziehen lassen.

3. Das Mehl auf einem Teller verteilen und die Pattys darin wenden. Den Backofengrill vorheizen. Das Öl in einer schweren Pfanne erhitzen. Die Pattys darin bei mittlerer Hitze 5–6 Minuten von jeder Seite garen, bis sie dampfend heiß sind.

4. Die Pattys mit je 2 Tomatenscheiben belegen und mit dem restlichen Käse bestreuen. Unter dem heißen Grill 2–3 Minuten gratinieren, bis der Käse zu schmelzen beginnt. Sofort in den Brötchen servieren.

PRO PORTION: 536 KCAL | FETT: 19,9 G | KOHLENHYDRATE: 64,4 G | ZUCKER: 7,2 G | BALLASTSTOFFE: 14,1 G | EIWEISS: 24,2 G | SALZ: 1,1 G

KAPITEL VIER

# FISCH & MEERESFRÜCHTE

# LACHS-QUINOA-BURGER

**DIESER BURGER AUS LACHS, QUINOA UND EI STECKT VOLLER PROTEIN, UND ES GIBT WOHL KEIN TOPPING, DAS BESSER PASST ALS EINE SPRITZIG-WÜRZIGE MAYONNAISE.**

VORBEREITUNG: 15 MINUTEN PLUS KÜHLZEIT | GAREN: 20–25 MINUTEN | FÜR 4 PORTIONEN

125 g Quinoa

275 g gegarter Lachs, in kleine Stücke geschnitten

4 Frühlingszwiebeln, in Ringe geschnitten

1 EL frisch gehackter Koriander

Salz und Pfeffer

4 Vollkorn-Hamburger-Brötchen, halbiert

1 EL Olivenöl

30 g Brunnenkresse

¼ Salatgurke, in Scheiben geschnitten

4 Limettenspalten, zum Servieren

**MAYONNAISE**

2 EL Kapern, gehackt

4 EL Mayonnaise

Saft von ½ Limette

1. Einen großen Topf Wasser zum Kochen bringen. Die Quinoa einstreuen und 8–10 Minuten darin kochen. Gut abtropfen lassen.

2 Die Quinoa mit Lachs, Ei, Frühlingszwiebeln und Koriander in eine Schüssel geben. Nach Belieben salzen und Pfeffer. Die Zutaten sorgfältig vermengen.

3. Die Masse von Hand zu 4 Pattys formen. Auf einen Teller setzen und 20 Minuten im Kühlschrank ziehen lassen.

4. Inzwischen für die Mayonnaise alle Zutaten in einer Schale glatt verrühren.

5. Den Backofengrill vorheizen. Die Brötchenhälften darunter rösten.

6. Das Olivenöl in einer Pfanne erhitzen. Die Pattys darin bei mittlerer Hitze 4–5 Minuten von jeder Seite goldbraun braten.

7. Die unteren Brötchenhälften mit der Mayonnaise bestreichen und etwas Brunnenkresse und ein paar Gurkenscheiben darauf verteilen. Die Pattys daraufsetzen. Mit den oberen Brötchenhälften bedecken.

8. Sofort mit den Limettenspalten zum Beträufeln servieren.

PRO PORTION: 542 KCAL | FETT: 27,3 G | KOHLENHYDRATE: 48,7 G | ZUCKER: 4,1 G | BALLASTSTOFFE: 4 G | EIWEISS: 26,1 G | SALZ: 1,2 G

# THUNFISCH-WASABI-BURGER

**DIESER SAFTIGE THUNFISCH-BURGER WIRD MIT PFEFFRIGER BRUNNENKRESSE GARNIERT UND AUF CIABATTA MIT JAPANISCH EINGELEGTEM GEMÜSE SERVIERT.**

VORBEREITUNG: 35 MINUTEN PLUS ZEIT ZUM EINLEGEN | GAREN: 20 MINUTEN | FÜR 4 PORTIONEN

500 g Thunfischsteaks

25 g frischer Koriander, fein gehackt

Saft und fein abgeriebene Schale von 1 unbehandelten Limette

2 TL Wasabipaste

4 Frühlingszwiebeln, fein gehackt

4 EL Mayonnaise

4 Scheiben Vollkorn-Ciabatta

1 EL Olivenöl

100 g Brunnenkresse

**EINGELEGTES GEMÜSE**

4 EL Reisweinessig

1 EL brauner Zucker

½ TL Koriandersamen, zerdrückt

½ TL Senfkörner

½ Salatgurke, in Scheiben geschnitten

2 Karotten, in feine Stifte geschnitten

6 Radieschen, in feine Scheiben geschnitten

3 Schalotten, in feine Streifen geschnitten

1. Für das eingelegte Gemüse Essig, Zucker und 125 ml Wasser in einem kleinen Topf zum Köcheln bringen und rühren, bis der Zucker sich aufgelöst hat. Den Topf vom Herd nehmen und Koriander und Senfkörner zufügen. Gurke, Karotten, Radieschen und Schalotten in ein sterilisiertes Glas geben. Mit dem Sud übergießen. Erkalten lassen und 4 Stunden oder über Nacht ziehen lassen.

2. Die Thunfischsteaks in 2,5 cm große Würfel schneiden. Im Mixer grob zerkleinern. In einer großen Schüssel mit Koriander, Limettenschale und -saft, Wasabipaste, Frühlingszwiebeln und 2 Esslöffeln Mayonnaise vermengen, dann 15 Minuten im Kühlschrank ziehen lassen.

3. Inzwischen eine Grillpfanne bei mittlerer bis starker Hitze heiß werden lassen. Die Brotscheiben darin von beiden Seiten rösten.

4. Die Thunfischmasse zu 4 Pattys formen und mit Öl bestreichen. In der heißen Pfanne 6 Minuten von jeder Seite braten, bis sie durchgegart sind.

5. Die Pattys auf die Brotscheiben setzen, mit der restlichen Mayonnaise und der Brunnenkresse garnieren. Sofort mit dem eingelegten Gemüse servieren.

PRO PORTION: 356 KCAL | FETT: 10,2 G | KOHLENHYDRATE: 34,4 G | ZUCKER: 10,4 G | BALLASTSTOFFE: 4,9 G | EIWEISS: 32,4 G | SALZ: 1,1 G

# KLASSISCHER FISCH-BURGER

**FÜR DIESEN BURGER KÖNNEN SIE BEIM FISCH GERN VARIIEREN – EINE MISCHUNG AUS FRISCHEM UND GERÄUCHERTEM FISCH SORGT FÜR EINEN RAFFINIERTEN GESCHMACK.**

VORBEREITUNG: 15 MINUTEN PLUS KÜHLZEIT | GAREN: 25–30 MINUTEN | FÜR 4 PORTIONEN

450 g mehlig kochende Kartoffeln, geschält und in Stücke geschnitten

450 g gemischte Fischfilets, wie Kabeljau und Lachs (ohne Haut)

2 EL frisch gehackter Estragon

fein abgeriebene Schale von 1 unbehandelten Zitrone

2 EL Schlagsahne

Salz und Pfeffer

1 EL Weizenmehl

1 Ei, verquirlt

120 g Semmelbrösel aus Weiß- oder Vollkornbrot vom Vortag

4 EL Pflanzenöl

15 g Brunnenkresse, zum Servieren

4 Zitronenspalten, zum Servieren

1. Die Kartoffeln in einem großen Topf Wasser 15–20 Minuten weich kochen. Gut abtropfen lassen, dann mit einem Kartoffelstampfer zerdrücken, bis eine glatte Masse entstanden ist.

2. Inzwischen den Fisch in eine Pfanne geben und knapp mit Wasser bedecken. Bei mittlerer Hitze zum Kochen bringen. Die Hitze reduzieren und bei aufgesetztem Deckel 5 Minuten sanft gar köcheln lassen.

3. Den Fisch abtropfen und auf einem Teller etwas abkühlen lassen. In große Stücke teilen und letzte Gräten entfernen.

4. Den Fisch in einer Schüssel mit Kartoffelstampf, Estragon, Zitronenschale und Sahne vermengen. Nach Belieben salzen und pfeffern. Die Masse zu 4 Pattys formen.

5. Die Pattys mit Mehl bestäuben und im Ei wenden. Mit den Semmelbröseln panieren. Auf einen Teller geben und mindestens 30 Minuten im Kühlschrank ruhen lassen.

6. Das Öl in einer Pfanne erhitzen und die Pattys darin bei mittlerer Hitze 5 Minuten von jeder Seite goldbraun braten.

7. Die Fisch-Burger mit Brunnenkresse und Zitronenspalten zum Beträufeln servieren.

PRO PORTION: 471 KCAL | FETT: 22,3 G | KOHLENHYDRATE: 38,9 G | ZUCKER: 3 G | BALLASTSTOFFE: 3,1 G | EIWEISS: 27,9 G | SALZ: 0,6 G

# LACHS-BURGER MIT SPINAT

**FRISCHER LACHS, SPINAT UND PINIENKERNE VERLEIHEN DIESEM BURGER EIN DELIKATES AROMA.**

VORBEREITUNG: 15 MINUTEN PLUS KÜHLZEIT | GAREN: 25–35 MINUTEN | FÜR 4 PORTIONEN

- 300 g Kartoffeln, geschält und in Würfel geschnitten
- 450 g Lachsfilet, ohne Haut
- 200 g frischer Spinat
- 60 g Pinienkerne, geröstet
- 2 EL fein abgeriebene Schale von 1 unbehandelten Zitrone
- 1 EL frisch gehackte Petersilie
- Salz und Pfeffer
- 200 g Crème fraîche
- 4-cm-Stück Salatgurke, geschält und fein gehackt
- 2 EL Weizenvollkornmehl
- 2 EL Sonnenblumenöl
- 4 Vollkornbrötchen, halbiert
- 28 Cocktailtomaten, gegrillt, zum Servieren

1. Die Kartoffeln in leicht gesalzenem Wasser 15–20 Minuten gar kochen. Abtropfen lassen, zerstampfen und beiseitestellen.

2. Den Lachs in Stücke schneiden. Einige Spinatblätter zum Servieren zurückbehalten, den Rest in einem Topf mit kochendem Wasser kurz blanchieren. Abtropfen lassen, Flüssigkeit sorgfältig herauspressen und die Blätter hacken.

3. Spinat, Lachs, Kartoffeln, Pinienkerne, 1 Esslöffel Zitronenschale, Petersilie und nach Belieben Salz und Pfeffer in eine Küchenmaschine geben und zerkleinern. Aus dieser Masse 4 gleich große Pattys formen. Abdecken und 1 Stunde kalt stellen.

4. Crème fraîche, restliche Zitronenschale und Gurke in einer Schüssel vermengen. Abdecken und bis zur Verwendung kalt stellen.

5. Den Holzkohlegrill anheizen. Die Pattys im Mehl wenden. Den Grillrost einölen und die Pattys 4–6 Minuten von jeder Seite grillen.

6. Zum Servieren die restlichen Spinatblätter auf den unteren Brötchenhälften verteilen und die Pattys darauflegen. Etwas Crème-fraîche-Mischung darübergeben und die oberen Brötchenhälften daraufsetzen. Sofort mit gegrillten Cocktailtomaten servieren.

PRO PORTION: 798 KCAL | FETT: 49,9 G | KOHLENHYDRATE: 53 G | ZUCKER: 9,1 G | BALLASTSTOFFE: 8,5 G | EIWEISS: 37,1 G | SALZ: 0,9 G

# GARNELEN-BURGER MIT CHILI UND LIMETTE

**DIESER BURGER FÜR GARNELEN-FANS BRINGT MIT CHILI UND LIMETTE DIE GESCHMACKSNERVEN ZUM PRICKELN.**

VORBEREITUNG: 15 MINUTEN | GAREN: 10 MINUTEN | FÜR 4 PORTIONEN

550 g Garnelen, ausgelöst und Darmfaden entfernt
1 Selleriestange, klein gewürfelt
2 Frühlingszwiebeln, fein gehackt
2 EL frisch gehackter Koriander
1 Knoblauchzehe, fein gehackt
½ TL Salz
½ TL Chipotle-Pulver
Saft und fein abgeriebene Schale von 1 unbehandelten Limette
2 TL Olivenöl
4 kleine Vollkorn-Hamburger-Brötchen, halbiert und getoastet
2 EL fettreduzierte Mayonnaise
4 Salatblätter

1. 450 g Garnelen im Mixer zu einer glatten Masse verarbeiten. Die restlichen Garnelen hacken. Pürierte und gehackte Garnelen in einer Schüssel mischen. Sellerie, Frühlingszwiebeln, Koriander, Knoblauch, Salz, Chipotle-Pulver, Limettenschale und -saft einarbeiten. Die Masse zu 4 Pattys formen.

2. Das Öl in einer großen beschichteten Pfanne erhitzen. Die Pattys darin bei mittlerer bis starker Hitze von jeder Seite 3–4 Minuten braten, bis sie schön gebräunt und durchgegart sind.

3. Die unteren Brötchenhälften mit der Mayonnaise bestreichen. Die Pattys daraufsetzen. Mit einem Salatblatt und den oberen Brötchenhälften bedecken.

PRO PORTION: 254 KCAL | FETT: 7,9 G | KOHLENHYDRATE: 25,3 G | ZUCKER: 3,6 G | BALLASTSTOFFE: 3,8 G | EIWEISS: 20 G | SALZ: 2,8 G

# THUNFISCH-BURGER MIT MANGO-SALSA

**FRISCHER THUNFISCH, CHILI UND MANGO SORGEN FÜR FARBENFROHEN BURGER-GENUSS. THUNFISCH SCHMECKT AM BESTEN, WENN ER INNEN NOCH LEICHT ROSA IST.**

VORBEREITUNG: 15 MINUTEN PLUS KÜHLZEIT | GAREN: 25–35 MINUTEN | FÜR 4 PORTIONEN

1 große Süßkartoffel (etwa 250 g), in Stücke geschnitten

Salz

450 g Thunfischsteaks

6 Frühlingszwiebeln, fein gehackt

175 g Zucchini, geraspelt

1 frische rote Jalapeño-Chilischote, entkernt und fein gehackt

2 EL Mango-Chutney aus dem Glas

2 EL Sonnenblumenöl

4 Salatblätter

**MANGO-SALSA**

1 große vollreife Mango, geschält, entkernt und in dünne Scheiben geschnitten

2 vollrcifc Tomatcn, klein gewürfelt

1 frische rote Jalapeño-Chilischote, entkernt und fein gehackt

4-cm-Stück Salatgurke, sehr fein gewürfelt

1 EL frisch gehackter Koriander

2 TL Honig

1. Die Süßkartoffelstücke in einem Topf mit Salzwasser 15–20 Minuten kochen, bis sie gar sind. Abgießen und abtropfen lassen. Den Thunfisch in Stücke schneiden. Süßkartoffel und Thunfisch mit Frühlingszwiebeln, Zucchini, Chili und Chutney im Mixer grob zerkleinern.

2. Aus der Masse 4 flache Pattys formen. Auf einen Teller legen, abdecken und 1 Stunde im Kühlschrank ziehen lassen.

3. Von der Mango 12 Scheiben zurückbehalten und den Rest hacken. Für die Salsa alle Zutaten in einer Schüssel verrühren. Die Salsa abdecken und 30 Minuten kalt stellen.

4. Den Holzkohlegrill für mittlere Hitze vorbereiten. Wenn die Kohlen gut durchgeglüht sind, die Pattys mit dem Öl bestreichen und von jeder Seite 4–6 Minuten grillen. Salatblätter und Mangoscheiben auf Teller verteilen, die Pattys darauf anrichten und etwas Mango-Salsa darübergeben. Sofort servieren.

PRO PORTION: 316 KCAL | FETT: 5,3 G | KOHLENHYDRATE: 40,5 G | ZUCKER: 25,6 G | BALLASTSTOFFE: 5,5 G | EIWEISS: 28,4 G | SALZ: 2,5 G

# MEDITERRANER FISCH-BURGER

**DIESER FISCH-BURGER WIRD MIT BASILIKUM UND FRISCH GERIEBENEM PARMESAN AUFGEPEPPT. ZUM BINDEN DER MASSE WIRD HIER POLENTA EINGESETZT, DIE GANZ EINFACH ZUBEREITET IST.**

VORBEREITUNG: 30 MINUTEN PLUS KÜHLZEIT | GAREN: 18–20 MINUTEN | FÜR 6 PORTIONEN

250 g Instant-Polenta
450 g Dorschfilet, ohne Haut
1 EL frisch gehacktes Basilikum
50 g Parmesan, gerieben
Salz und Pfeffer
2 EL Mehl
2 EL Olivenöl
6 Ciabattabrötchen, halbiert
1 Handvoll Babyspinat (nach Belieben)
geröstetes mediterranes Gemüse, zum Servieren (nach Belieben)

**AIOLI**

3 große Knoblauchzehen, fein gehackt
2 Eigelb
225 ml natives Olivenöl extra
1 EL Zitronensaft
1 EL Limettensaft
1 EL Dijon-Senf
1 EL frisch gehackter Estragon
Salz und Pfeffer

1. 300 ml Wasser in einem großen Topf zum Kochen bringen. Die Polenta langsam und gleichmäßig bei niedriger Hitze einrieseln lassen. Unter ständigem Rühren 5 Minuten leicht köcheln, bis die Masse eindickt.

2. Polenta, Fisch, Basilikum, Käse und nach Belieben Salz und Pfeffer in eine Küchenmaschine geben und kurz vermengen. Aus der Masse 4 Pattys formen, im Mehl wenden, abdecken und 1 Stunde in den Kühlschrank stellen.

3. Währenddessen die Aioli zubereiten. Knoblauch und Eigelb in eine Küchenmaschine geben und glatt pürieren. Bei laufendem Motor das Öl teelöffelweise zur Mischung geben, bis die Mischung eindickt. Dann das restliche Öl in einem dünnen Strahl zugießen, bis sich eine dicke Mayonnaise bildet.

4. Zitronensaft, Limettensaft, Senf und Estragon zugeben und nach Geschmack salzen und pfeffern. So lange rühren, bis die Mayonnaise glatt ist, dann in eine nicht metallene Schüssel geben.

5. Mit Frischhaltefolie abdecken und bis zum Gebrauch in den Kühlschrank stellen.

6. Den Holzkohlegrill anheizen. Die Pattys mit dem Öl bestreichen und bei mittlerer Temperatur von jeder Seite 4–5 Minuten grillen, bis der gewünschte Gargrad erreicht ist.

7. Eine Hälfte der Ciabattabrötchen mit frischen Spinatblättern und einem Patty belegen. Ein wenig Aioli daraufgeben und die zweite Hälfte mit gegrilltem Gemüse servieren.

PRO PORTION: 845 KCAL | FETT: 51,9 G | KOHLENHYDRATE: 65 G | ZUCKER: 2,4 G | BALLASTSTOFFE: 6,2 G | EIWEISS: 27,3 G | SALZ: 1,1 G

# FISCH-BURGER MIT REMOULADE

**DIESEN SAFTIGEN BURGER KÖNNEN SIE MIT GOLDMAKRELE ODER ALTERNATIV MIT JEDEM ANDEREN FESTEN WEISSFISCH WIE SEELACHS ODER TILAPIA ZUBEREITEN.**

VORBEREITUNG: 20 MINUTEN PLUS KÜHLZEIT | GAREN: 10 MINUTEN | FÜR 4 PORTIONEN

4 Goldmakrelen (à 120 g) oder anderen Weißfisch

2 TL Pflanzen- oder Rapsöl

½ TL Meersalz

¼ TL Pfeffer

4 weiche Hamburger-Brötchen, halbiert

4 EL Remoulade

½ Zwiebel, in Ringe geschnitten

4 Salatblätter

2 große Tomaten, in Scheiben geschnitten

**REMOULADE**

2 kleine Gewürzgurken, fein gehackt

1 Frühlingszwiebel, fein gehackt

1 EL Kapern, fein gehackt

1 Handvoll glatte Petersilienblätter, fein gehackt

175 ml Mayonnaise

1 EL Zitronensaft

Salz und Pfeffer

1. Für die Remoulade Gewürzgurken, Frühlingszwiebel, Kapern und Petersilie in eine kleine Schüssel geben und mit der Mayonnaise vermengen. Den Zitronensaft einrühren, dann nach Belieben mit Salz und Pfeffer abschmecken. Abdecken und mindestens 30 Minuten in den Kühlschrank stellen.

2. Den Fisch abspülen und trocken tupfen. Beide Seiten mit dem Öl bestreichen und mit Salz und Pfeffer bestreuen. Auf ein großes Stück Backpapier legen.

3. Den Backofengrill auf höchster Stufe vorheizen und den Rost 8 cm von den Heizstäben entfernt einschieben.

4. Den Fisch auf den Rost legen und 4 Minuten im Ofen grillen, dann wenden und 3 Minuten weitergrillen, bis die Ränder beginnen, braun zu werden und der Fisch gerade gar ist. (Die Mitte des Fischs sollte sich leicht zerteilen lassen.)

5. Beide Hälften der Brötchen mit der Remoulade bestreichen. Auf jede untere Hälfte ein Fischfilet geben und mit Zwiebeln, Salat und Tomaten belegen. Die obere Brötchenhälfte darauflegen und sofort servieren.

PRO PORTION: 635 KCAL | FETT: 36,9 G | KOHLENHYDRATE: 32,5 G | ZUCKER: 5,3 G | BALLASTSTOFFE: 4,1 G | EIWEISS: 38,5 G | SALZ: 2 G

# KREBSFLEISCH-BURGER

**DIESER DELIKATE UND WÜRZIGE KREBSFLEISCH-BURGER SCHMECKT NACH MEER!**

VORBEREITUNG: 25 MINUTEN PLUS KÜHLZEIT | GAREN: 15 MINUTEN | FÜR 6 PORTIONEN

450 g Krebsfleisch
150 ml Mayonnaise
1 EL frisch gehackte Petersilie
1 TL Meeresfrüchte-Gewürzmischung
1 Ei
1 TL Worcestersauce
1 TL Senfpulver
½ TL Salz
¼ TL Pfeffer
30 g Semmelbrösel
2 EL Butter
6 Hamburger-Brötchen, halbiert
2 große Tomaten, in Scheiben geschnitten
4 Salatblätter, in Streifen geschnitten
Remoulade (siehe Seite 163) und Zitronenspalten, zum Servieren (nach Belieben)

1. Das Krebsfleisch in eine mittelgroße Schüssel geben und Mayonnaise, Petersilie, Gewürzmischung, Ei, Worcestersauce, Senfpulver, Salz und Pfeffer hinzufügen. Sorgfältig vermengen, dann nach und nach die Semmelbrösel zugeben und gut vermischen. Die Masse 30 Minuten in den Kühlschrank stellen.

2. Die Masse in 6 gleich große Portionen aufteilen und zu je 1 Patty formen.

3. Eine Grillpfanne auf mittlerer Stufe erhitzen, die Butter zugeben und zerlassen. Gleichmäßig in der Pfanne verteilen. Die Pattys hineingeben und von jeder Seite 6–7 Minuten braten, bis sie goldbraun sind.

4. Die Pattys in die Brötchen geben, mit Tomatenscheiben und Salat belegen und nach Belieben mit Remoulade bestreichen. Mit Zitronenspalten servieren.

PRO PORTION: 452 KCAL | FETT: 25,5 G | KOHLENHYDRATE: 32,4 G | ZUCKER: 4,6 G | BALLASTSTOFFE: 3,5 G | EIWEISS: 20,8 G | SALZ: 3,3 G

# GARNELEN-BURGER MIT MAIS-RELISH

**BRATEN SIE DIE GARNELEN-PATTYS LANGSAM BEI MITTLERER HITZE: SO BLEIBEN SIE SCHÖN SAFTIG UND ZART – UND SCHMECKEN UNGLAUBLICH GUT.**

VORBEREITUNG: 40 MINUTEN PLUS KÜHLZEIT | GAREN: 30 MINUTEN | FÜR 4 PORTIONEN

450 g rohe Garnelen, geschält und entdarmt

1 Bund Schnittlauch oder 2 Frühlingszwiebeln

1 EL Pflanzenöl

4 süße Hamburger-Brötchen, halbiert

**MAIS-RELISH**
(für 950 g)

3 Maiskolben

1 rote Paprika, entkernt und gewürfelt

1 frische rote Jalapeño-Chilischote, entkernt und fein gehackt

125 ml Apfelessig

100 g brauner Zucker

1 EL Salz

1 EL gemahlene Senfsaat

½ EL Selleriesaat

1 rote Zwiebel, in Würfel geschnitten

1. Die Garnelen grob hacken, dann die Hälfte in eine Küchenmaschine oder einen Standmixer geben und zu einer Paste pürieren. Alternativ mit einem Messer sehr fein hacken. Den Schnittlauch hacken und mit gehackten Garnelen und Paste verrühren.

2. Die Garnelenmischung in 4 gleich große Portionen aufteilen. Jede mit feuchten Händen zu 1 Patty formen. Auf einen Teller legen, abdecken und mindestens 30 Minuten oder über Nacht in den Kühlschrank stellen.

3. Währenddessen das Mais-Relish zubereiten. Die Körner von den Maiskolben abschneiden. Mais, Paprika, Chili, Essig, Zucker, Salz, Senfsaat und Selleriesaat in einem großen Topf auf mittlerer Stufe zum Kochen bringen. Die Hitze reduzieren und unter gelegentlichem Rühren 15 Minuten köcheln lassen, bis die Mischung etwas eingekocht ist. Wenn der Zucker schmilzt, entwickelt sich genug Flüssigkeit, um die Mischung zu bedecken.

4. Die Zwiebel in die Maismischung rühren. Den Topf vom Herd nehmen und das Relish in sterilisierte Gläser füllen. Die Deckel verschließen und auf Raumtemperatur abkühlen lassen. 200 g vom Relish für die Burger verwenden.

3. Das Öl in einer großen, beschichteten Pfanne auf mittlerer Stufe erhitzen und die Pattys vorsichtig in die Pfanne geben. Die Pfanne halb abdecken und die Pattys 6 Minuten braten, bis sie fast gar sind. Vorsichtig wenden und von der anderen Seite 1 Minute weiterbraten, bis sie rosa und gar sind.

4. Die Pattys in die Brötchen geben, mit Mais-Relish belegen und sofort servieren.

PRO PORTION: 391 KCAL | FETT: 12,9 G | KOHLENHYDRATE: 49,1 G | ZUCKER: 12,5 G | BALLASTSTOFFE: 2,8 G | EIWEISS: 18,3 G | SALZ: 2,7 G

KAPITEL FÜNF

# SAUCEN & BEILAGEN

# TOMATENKETCHUP

**DIESES KLASSISCHE TOMATENKETCHUP IST GANZ EINFACH ZUBEREITET UND SCHMECKT HERVORRAGEND ZU ALLEN BURGERN IN DIESEM BUCH.**

VORBEREITUNG: 10 MINUTEN | GAREN: 15–20 MINUTEN | FÜR 250 ML

2 EL Olivenöl
1 rote Zwiebel, gehackt
2 Knoblauchzehen, gehackt
250 g Eiertomaten, gehackt
250 g gehackte Tomaten aus der Dose
½ TL Ingwerpulver
½ TL Chilipulver
Salz und Pfeffer
40 g brauner Zucker
100 ml Rotweinessig

1. Das Olivenöl in einem Topf erhitzen und Zwiebel, Knoblauch und Tomaten hineingeben. Ingwer und Chili zufügen und nach Belieben mit Salz und Pfeffer würzen. 15 Minuten kochen, bis alles weich ist.

2. Anschließend die Mischung in die Küchenmaschine geben oder mit einem Stabmixer pürieren und danach durch ein Sieb passieren. Die Mischung in den Topf füllen und Zucker und Essig zugeben. Aufkochen und anschließend köcheln lassen, bis die Konsistenz von Ketchup erreicht ist.

3. In sterilisierte Gläser füllen und abkühlen lassen, dann luftdicht verschließen. Kühl und dunkel aufbewahren. Angebrochene Gläser im Kühlschrank aufbewahren und innerhalb von 2 Wochen verbrauchen.

PRO 250 ML: 575 KCAL | FETT: 28,9 G | KOHLENHYDRATE: 72,2 G | ZUCKER: 58,7 G | BALLASTSTOFFE: 6,3 G | EIWEISS: 7 G | SALZ: 0,1 G

# PIKANTE SALSA

**DIESE PIKANTE SALSA MIT FEINEN RAUCHNOTEN LIEFERT VIELEN BURGERN NOCH MEHR PEP UND PASST AUCH PRIMA ZU WEITEREN BEILAGEN WIE POMMES ODER KNUSPRIGEN ZWIEBELRINGEN.**

VORBEREITUNG: 10 MINUTEN | GAREN: 20 MINUTEN | FÜR 450 ML

- 8 Eiertomaten, halbiert
- 3 Jalapeño-Chilischoten, halbiert und entkernt
- 4 Knoblauchzehen
- 1 große Zwiebel, in Spalten geschnitten
- Salz
- 25 g frischer Koriander
- 4 EL Limettensaft

1. Den Backofen auf 230 °C vorheizen. Ein Backblech mit Backtrennspray einfetten.

2. Tomaten, Chilis, Knoblauch und Zwiebel auf dem vorbereiteten Blech verteilen und dünn mit Backtrennspray einsprühen. Nach Belieben leicht mit Salz würzen und im vorgeheizten Ofen 15–20 Minuten garen, bis das Gemüse weich ist und zu bräunen beginnt.

3. Das Gemüse in den Mixer geben und mit der Pulse-Funktion zu einer stückigen Sauce verarbeiten. Koriander, Limettensaft und nach Belieben Salz zufügen und mit der Pulse-Funktion mixen, bis der Koriander gehackt ist.

4. Die Salsa in eine sterilisierte Flasche füllen. Sie hält sich bis zu 1 Woche im Kühlschrank.

PRO 450 ML: 289 KCAL | FETT: 4 G | KOHLENHYDRATE: 65,1 G | ZUCKER: 29,9 G | BALLASTSTOFFE: 12,4 G | EIWEISS: 10,5 G | SALZ: 0,1 G

# MAYONNAISE

**DIESE SELBST GEMACHTE MAYONNAISE SCHMECKT LEICHT UND LECKER – UND LÄSST SICH NACH BELIEBEN MIT GEWÜRZEN UND KRÄUTERN VARIIEREN.**

VORBEREITUNG: 5 MINUTEN | GAREN: OHNE KOCHEN | FÜR 350 ML

2 große Eigelb
2 TL Dijon-Senf
Salz
weißer Pfeffer
2–3 EL Zitronensaft
300 ml Sonnenblumenöl

1. Das Eigelb mit Dijon-Senf sowie Salz und Pfeffer nach Belieben in der Küchenmaschine oder mit dem elektrischen Handrührgerät verquirlen. Dann 2 Esslöffel Zitronensaft zufügen und erneut verquirlen.

2. Während die Maschine läuft, tropfenweise das Öl zufügen. Wenn die Mischung beginnt anzudicken, kann das Öl in einem feinen und beständigen Strahl zugegossen werden. Falls die Mayonnaise zu dick wird, einen weiteren Esslöffel Zitronensaft zufügen.

3. In ein sterilisiertes Glas füllen, luftdicht verschließen und in den Kühlschrank stellen. Die Mayonnaise sollte baldmöglichst verzehrt werden. Einmal geöffnet, sollte sie im Kühlschrank aufbewahrt und innerhalb von 3 Tagen verbraucht werden.

PRO 350 ML: 2774 KCAL | FETT: 309,4 G | KOHLENHYDRATE: 3,8 G | ZUCKER: 1 G | BALLASTSTOFFE: 0,4 G | EIWEISS: 5,8 G | SALZ: 0,4 G

# HAUSGEMACHTER SENF

**WENN SIE DIESEN GANZ EINFACH SELBST ZUBEREITETEN SENF EIN PAAR TAGE IM KÜHLSCHRANK DURCHZIEHEN LASSEN, SCHMECKT ER NOCH BESSER UND WENIGER SCHARF.**

VORBEREITUNG: 15 MINUTEN PLUS ZEIT ZUM ZIEHEN | GAREN: OHNE KOCHEN | FÜR 175 ML

3 EL braune Senfkörner
3 EL Apfelessig
3 EL Senfpulver
2 TL Salz
2 TL Honig

1. Die Senfkörner mit dem Essig in einen kleinen, nicht metallenen Behälter geben und mit 1–2 Esslöffeln Wasser bedecken. 2 Tage zugedeckt bei Zimmertemperatur ruhen lassen.

2. Die Senfkörner abseihen und die Flüssigkeit auffangen. Die Senfkörner in einem Mörser zu einer groben Paste zerdrücken – je feiner die Paste wird, umso schärfer wird der Senf.

3. Die zerdrückten Senfkörner in eine kleine Schüssel geben, Senfpulver, Salz und Honig zufügen. Das aufgefangene Essigwasser zugießen und gut verrühren.

4. In ein sterilisiertes Glas füllen, luftdicht verschließen und mindestens 2 Tage in den Kühlschrank stellen, bevor der Senf verzehrt wird. Nachdem er geöffnet wurde, sollte er immer im Kühlschrank aufbewahrt und innerhalb von 2 Wochen aufgebraucht werden.

PRO 175 ML: 252 KCAL | FETT: 14,8 G | KOHLENHYDRATE: 18,9 G | ZUCKER: 14,2 G | BALLASTSTOFFE: 3,8 G | EIWEISS: 10,4 G | SALZ: 12 G

# KNUSPRIGE ZWIEBELRINGE

**DIE FEINE SÜSSE DER ZWIEBELRINGE HARMONIERT HIER WUNDERBAR MIT DEM KNUSPRIGEN TEIGMANTEL.**

VORBEREITUNG: 5 MINUTEN PLUS ZEIT ZUM QUELLEN | GAREN: 10 MINUTEN | FÜR 2 PORTIONEN

- 2 große Gemüsezwiebeln, abgezogen
- 150 g Weizenmehl
- 1 TL Paprikapulver
- 1 Ei
- 200 ml Mineralwasser mit Kohlensäure
- 15 g frischer Thymian, gehackt
- ½ TL Salz
- 2 EL Olivenöl

1. Die Zwiebeln in dicke Scheiben schneiden und in einzelne Ringe trennen.

2. Das Mehl in einer Schüssel mit Paprikapulver, Ei und Mineralwasser klümpchenfrei verrühren. Thymian und Salz unterrühren. Den Teig 5 Minuten quellen lassen.

3. Das Öl in einer großen beschichteten Pfanne erhitzen. Die Zwiebelringe in den Teig tauchen, kurz abtropfen lassen und gegebenenfalls portionsweise im heißen Fett von beiden Seiten braten, bis sie goldbraun und knusprig sind.

4. Die Zwiebelringe auf Küchenpapier abtropfen lassen und sofort servieren.

PRO PORTION: 393 KCAL | FETT: 15,8 G | KOHLENHYDRATE: 53,9 G | ZUCKER: 6,7 G | BALLASTSTOFFE: 4,8 G | EIWEISS: 9,2 G | SALZ: 1,1 G

# HAMBURGER-BRÖTCHEN

**BRÖTCHEN, DIE SOGENANNTEN „BUNS“, SIND FÜR EINEN PERFGEKTEN BURGER GENAUSO WICHTIG WIE IHR INNENLEBEN. DEN UNTERSCHIED ZU GEKAUFTEN BRÖTCHEN WERDEN SIE SOFORT SCHMECKEN!**

VORBEREITUNG: 20 MINUTEN PLUS ZEIT ZUM GEHEN | GAREN: 15–20 MINUTEN | FÜR 8 BRÖTCHEN

450 g Weizenmehl (Type 550), plus etwas mehr zum Bestäuben

1½ TL Salz

2 TL Zucker

1 TL Trockenhefe

150 ml lauwarme Milch

1 EL Pflanzenöl

3 EL Sesamsaat

1. Mehl und Salz in eine Schüssel sieben und Zucker und Hefe einrühren. In die Mitte eine Mulde drücken und 150 ml lauwarmes Wasser und die Milch hineingießen. Mit einem Holzlöffel rühren, bis sich alles zu einem Teig verbindet, dann mit den Händen kneten, bis der Teig sich vom Schüsselrand löst. Den Teig auf die bemehlte Arbeitsfläche geben und 10 Minuten durchkneten, bis er weich und elastisch ist.

2. Eine Schüssel mit Öl bestreichen. Den Teig zu einer Kugel formen, in die Schüssel legen und diese mit einem feuchten Küchentuch abdecken. An einem warmen Ort 1 Stunde gehen lassen, bis das Teigvolumen sich verdoppelt hat.

3. Zwei Backbleche mit Backpapier auslegen. Den Teig auf die bemehlte Arbeitsfläche legen, kurz durchkneten und in 8 gleich große Portionen aufteilen. Jede zu einer Kugel formen und auf die Backbleche geben. Mit der bemehlten Hand leicht flach drücken. Die Brötchen mit einem feuchten Küchentuch abdecken und an einem warmen Ort 30 Minuten gehen lassen.

4. Den Backofen auf 200 °C vorheizen. Die Mitte jedes Brötchens leicht eindrücken, um Luftblasen herauszudrücken. Die Brötchen mit Öl bestreichen und mit dem Sesam bestreuen. 15–20 Minuten backen, bis sie hellbraun sind. Zum Abkühlen auf ein Kuchengitter legen.

PRO BRÖTCHEN: 260 KCAL | FETT: 4,8 G | KOHLENHYDRATE: 43,1 G | ZUCKER: 2,5 G | BALLASTSTOFFE: 1,9 G | EIWEISS: 10,2 G | SALZ: 1,1 G

# BUTTERMILCH-HAMBURGER-BRÖTCHEN

**DIESE LEICHT SÜSSEN, WEICHEN BRÖTCHEN SIND EIN GARANT FÜR ECHTEN BURGER-GENUSS.**

VORBEREITUNG: 30 MINUTEN PLUS ZEIT ZUM GEHEN | GAREN: 10–20 MINUTEN | FÜR 8 BRÖTCHEN

400 g Weizenmehl (Type 550), plus etwas mehr zum Bestäuben

150 g Weizenmehl (Type 405)

100 g Butter, gewürfelt

1 Ei (Klasse L)

2 EL Zucker

1 Päckchen Trockenbackhefe

300 ml Buttermilch

1 TL Salz

1 Ei, leicht verquirlt, zum Bestreichen

1. Die beiden Mehlsorten in einer großen Schüssel mischen. Die Butter mit den Fingern hineinreiben, bis eine feinkrümelige Masse entstanden ist.

2. Ei, Zucker, Hefe, Buttermilch und Salz in einer zweiten Schüssel verrühren.

3. Die Buttermilchmischung mit einem Holzlöffel in die Mehlmischung einarbeiten. Den Teig auf einer bemehlten Arbeitsfläche 10 Minuten kneten, bis er glatt und elastisch ist.

4. Den Teig in eine saubere Schüssel geben, mit Frischhaltefolie abdecken und an einem warmen Ort 1½ Stunden gehen lassen.

5. Den Teig noch mal kurz durchkneten. In 8 gleich große Portionen teilen und zu Kugeln formen. Mit ausreichend Abstand auf ein mit Backpapier belegtes Backblech setzen.

6. Die Brötchen mit Frischhaltefolie abdecken und weitere 30–40 Minuten gehen lassen, bis das Teigvolumen sich verdoppelt hat. Den Backofen auf 180 °C vorheizen.

7. Die Brötchen dünn mit Ei bestreichen und im vorgeheizten Ofen 15–20 Minuten goldbraun backen.

PRO BRÖTCHEN: 403 KCAL | FETT: 13,7 G | KOHLENHYDRATE: 56 G | ZUCKER: 5,9 G | BALLASTSTOFFE: 2 G | EIWEISS: 13,1 G | SALZ: 1,1 G

# POMMES FRITES

**VON HAND GESCHNITTENE, KNUSPRIGE POMMES FRITES SIND DIE PERFEKTE BEILAGE ZU JEDEM BURGER. SIE WERDEN NICHT FRITTIERT, SONDERN IM OFEN GEBACKEN UND SIND DESHALB VIEL GESÜNDER.**

VORBEREITUNG: 10 MINUTEN | GAREN: 30 MINUTEN | FÜR 4 PORTIONEN

1 kg Kartoffeln, geschält, in gleich große Stifte geschnitten

2 EL Pflanzenöl

1 TL Meersalz

1. Den Backofen auf 230 °C vorheizen.

2. Die Kartoffelstifte in einer Schüssel mit Öl und Salz vermengen.

3. Die Kartoffelstifte in einer Schicht auf einem Backblech verteilen und im vorgeheizten Ofen etwa 30 Minuten garen, bis sie goldbraun und knusprig sind. Dabei nach der Hälfte der Zeit wenden.

4. Sofort als Beilage zu einem Burger nach Wahl servieren.

PRO PORTION: 233 KCAL | FETT: 7 G | KOHLENHYDRATE: 39,3 G | ZUCKER: 1,8 G | BALLASTSTOFFE: 4,7 G | EIWEISS: 4,6 G | SALZ: 1,5 G

# PAPRIKA-SÜSSKARTOFFEL-CHIPS MIT SAUERRAHMDIP

**STÄRKEHALTIG UND SÜSS, AUSSEN KNUSPRIG, INNEN WEICH – DIESE CHIPS SIND EINE GESUNDE BEILAGE ZU JEDEM BURGER. VERWENDEN SIE DAFÜR NUR DAS BESTE PAPRIKAPULVER.**

VORBEREITUNG: 10 MINUTEN | GAREN: 40 MINUTEN | FÜR 2 PORTIONEN

300 g Süßkartoffeln, mit Schale, abgebürstet und in Streifen geschnitten

2 EL Olivenöl

1 EL geräuchertes Paprikapulver

Meersalz und Pfeffer

**SAUERRAHMDIP**

4 Schnittlauchhalme, in Röllchen geschnitten

150 g saure Sahne

Salz und Pfeffer

1. Den Backofen auf 180 °C vorheizen. Die Süßkartoffeln mit Öl und Paprikapulver in eine große Schüssel geben. Nach Belieben salzen und pfeffern und sorgfältig vermengen.

2. Die Süßkartoffelchips in einer Schicht auf einem Backblech verteilen und im vorgeheizten Ofen 30–40 Minuten knusprig backen.

3. Für den Dip Schnittlauch und saure Sahne in einer kleinen Schüssel verrühren. Mit Salz und Pfeffer abschmecken und in zwei Schälchen füllen.

4. Zwei größere Schalen mit Küchenpapier auslegen. Die Chips hineingeben und sofort mit dem Dip servieren.

PRO PORTION: 399 KCAL | FETT: 28,4 G | KOHLENHYDRATE: 32,8 G | ZUCKER: 8,8 G | BALLASTSTOFFE: 5 G | EIWEISS: 4 G | SALZ: 1,1 G

# THAI-POMMES-FRITES MIT KORIANDERKETCHUP

**DIESE BESONDERS WÜRZIGEN OFENGEBACKENEN POMMES FRITES SIND MIT SÜSSEN, PIKANTEN, SÄUERLICHEN UND SALZIGEN NOTEN EIN ECHTER GAUMENKITZEL.**

VORBEREITUNG: 15 MINUTEN | GAREN: 30 MINUTEN | FÜR 4 PORTIONEN

2 EL Pflanzenöl, plus 1 EL zum Einfetten

2 EL brauner Zucker

2 EL Thai-Fischsauce

2 EL Limettensaft

1 EL rote Thai-Currypaste

½ TL Cayennepfeffer

1 kg Kartoffeln, in gleich große Stifte geschnitten

**KORIANDERKETCHUP**

1 Knoblauchzehe

15 g frischer Koriander

225 ml Tomatenketchup

2 EL Limettensaft

1. Den Backofen auf 230 °C vorheizen. Ein Backblech mit 1 Esslöffel Öl einfetten.

2. In einer großen Schüssel 2 Esslöffel Öl mit Zucker, Fischsauce, Limettensaft, Currypaste und Cayennepfeffer glatt verrühren.

3. Die Kartoffelstifte darin wenden, bis sie mit der Würzmischung überzogen sind. Etwa 5 Minuten ziehen lassen. Mit einem Schaumlöffel auf das vorbereitete Blech heben und in einer Schicht darauf verteilen. Im vorgeheizten Ofen 25–30 Minuten goldbraun und knusprig backen. Dabei nach 15 Minuten wenden.

4. Inzwischen für den Korianderketchup Knoblauch und Koriander im Mixer fein zerkleinern. Ketchup und Limettensaft einarbeiten. In eine Servierschale füllen.

5. Die Pommes frites mit dem Korianderketchup zum Dippen zu einem Burger servieren.

PRO PORTION: 366 KCAL | FETT: 10,9 G | KOHLENHYDRATE: 65,5 G | ZUCKER: 22,3 G | BALLASTSTOFFE: 5,4 G | EIWEISS: 5,9 G | SALZ: 3,4 G

# REGISTER

## REZEPTVERZEICHNIS

# STICHWORTVERZECHNIS